JUTTA DEISS

LEICHTATHLETIK
WM'93

Fotos von SVEN SIMON

COPRESS SPORT

Umschlaggestaltung: Uwe Richter
Lektorat: Robert Fischer

Produktion und Layout:
VerlagsService Dr. Helmut Neuberger
& Karl Schaumann GmbH

Alle Abbildungen von SVEN SIMON
Bildredaktion: Günter R. Müller
Fotografen: Frank Hörmann, Günter R. Müller

Die Deutsche Bibliothek – CIP-Einheitsaufnahme
Leichtathletik-WM 1993 Stuttgart
Leichtathletik-WM '93 / Jutta Deiss. Fotos
von Sven Simon. – München :
Copress-Verl. 1993
ISBN 3-7679-0412-8

Gesamtherstellung: Bruckmann, München
Druck: Gerber + Bruckmann, München
Printed in Germany
ISBN 3-7679-0412-8

Inhalt

Eine WM ohne Verlierer

Mit riesigen Transparenten liefen die Athleten zum letzten Mal ins Stadion ein. Ein leises Servus an einem lauten, pulsierenden Abend: »Wir danken Euch«, stand darauf – oder »You are the best«. Ihr seid die Besten. »Thanks Stuttgart«: Danke Stuttgart. Manch einer wird sich eine Träne aus dem Augenwinkel gewischt oder jene Gänsehaut gespürt haben, die ihn schon einmal überkam, als sie ihn angefeuert, getragen und geschoben und die letzte Kraft aus ihm herausgezerrt hatten. Fair-play-Preis für das Publikum. Sie jubelten einander zu und waren stolz aufeinander: Nicht ein einziger Weltmeister, ja nicht einmal die Verlierer, die Enttäuschten und unglücklichen Vierten, verließen das Gottlieb-Daimler-Stadion ohne ein riesiges Kompliment an die Zuschauer. Die Athleten, unabhängig von Hautfarbe, Nationalität und Geschlecht, waren sich einig: Nirgend-

wo sonst haben sie ein Publikum erlebt, das ihre Leistungen so fantastisch belohnt, das so fachkundig reagiert hat, so aufmunternd über die kleinen Schwächeperioden weghalf und nie vergaß, die Letzten mit Beifall zu belohnen.

Minutenlang feierten sie die traurige Silbermedaillen-Gewinnerin Merlene Ottey bei der Siegerehrung, bis ihr ernstes Gesicht anfing zu strahlen – und die Sprintweltmeisterin Gail Devers klatschte mit. Sie spürte, daß sie dieselben Ovationen bekommen hätte, wäre sie nach dem Fotofinish zur Zweiten erklärt worden. Das ehrgeizige Streben nach Fairneß und Fachkunde führt manchmal zu witzigen Szenen. Die Diskuswerfer hatten per Videowand darum gebeten, auf das rhythmische Klatschen während ihrer Drehungen bitteschön zu verzichten, weil es den Bewegungsablauf störe. Die meisten Fans folgten – nur konnten einige aufgrund ihrer Sitzposition die Schrift gar nicht lesen und applaudierten munter drauflos. Sofort konterten die anderen mit wütenden Pfiffen. Weltmeister Lars Riedel lachte und sagte: »Die Konfusion war plötzlich noch

viel größer, aber sie haben es ja alle nur gut gemeint.«

Keine Rede war mehr von Defiziten und Geldsorgen, kein Mensch kritisierte mehr die Macher dieser WM. Stuttgart feierte ein fröhliches, weltmeisterliches Fest im Stadion und in jeder Ecke der Stadt. Kommerz und Vergnügen haben sich auf eine gemeinsame Sache eingelassen. Die Schlangen vor den Eintrittskartenschaltern wurden täglich länger, die Flaniermeile mit ihren Verkaufsbuden vor dem Stadion machte beste Geschäfte, und die Stadtfest-Wirte freuten sich über Hunderttausende von spendablen Besuchern. Alles drückte sich und drängelte sich – die Sicherheitskräfte und die Polizei meldeten trotzdem keine besonderen Vorkommnisse.

Die Athleten feierten mit den Zuschauern – aber manchmal feierten sie auch allein. Disco-Night im Athletendorf. Die Akkreditierungskarten waren abgelegt, und keiner wußte mehr, wer der andere war, weil der schräge heimliche Blick auf Namen und Foto ausfallen mußte. Das Kauderwelsch der Sprachen, das Durcheinander der Nationalitäten,

der Hautfarben, die Frage nach Ergebnissen, nach Verletzten, nach Siegern und Verlierern löste sich auf im Rhythmus der Musik. Javier Sotomayor drängelte sich durch die Masse zur Theke vor. Er bestellte ein Bier und hielt dem Barkeeper hilflos die kaputte Baseballmütze unter die Nase. Ob er wohl Nadel und Faden hätte – zwecks Reparatur? Der lachte und gab ihm eine neue Kappe.

Mit jedem Tag wurde die Disco voller – und die Trainingsplätze wurden leerer. Mit jedem weiteren Finale verabschiedete sich eine Disziplin, und ihre Athleten widmeten sich anderen Aufgaben. Die Professionalisierung des Sports hat ihren Preis. Ausrüster und Sponsoren hatten quer durch die Stadt ihre Clubs und WM-Treffs eingerichtet, wo Siege gefeiert, Weltmeister repräsentiert wurden und Geschlagene auch mal Unterschlupf fanden. Funktionäre, Prominente, Ehrengäste, Politiker, Künstler – das Kaleidoskop derer, die auf der Drehbühne des Sports ihre kleinen und großen, bedeutenden und weniger bedeutenden Rollen haben, war bunt und vielfältig. Stuttgart

warb für Berlin 2000 aufwendig und auffällig vor den Augen der 45 anwesenden IOC-Mitglieder. Berlins Regierender Bürgermeister Eberhard Diepgen warnte vor »Kaffeesatz-Leserei« beim Bewerber-Endspurt und hoffte doch, daß die Sternschnuppen des heftig engagierten Automobilkonzerns aus der Nachbarschaft alle Wünsche erfüllen würden.

Diese vierte Leichtathletik-Weltmeisterschaft hatte viele Schauplätze und Gesichter. Die Zahlen in den Bilanzen können nicht ausdrücken, was das Erlebnis wert war: 585 000 Zuschauer kamen ins Stadion und brachten so auch den Veranstaltern einen Weltrekord ein – keine vorhergehende WM lockte so viele Fans an den Ort des Geschehens. 1862 Sportler aus 189 Nationen liefen, warfen und sprangen um Titel und Bestleistungen – Bilder davon wurden von 3,5 Milliarden Menschen in fast 200 Ländern per TV gesehen. Patenschafts- und Breitensportprogramme erlebten parallel, daß der Sport mehr ist als eine Rekordjagd. Diese Titelkämpfe mußten so vielem gerecht werden: Vorurteile abbauen, einer kritischen Weltöffentlichkeit

beweisen, daß Deutschland kein ausländerfeindliches Land ist. Sie sollten die Bühne sein für den Kampf gegen Doping aus moralischen und ökonomischen Gründen. Sie sollten werben und strahlen und saubere Leistungen zeigen – und Spaß machen sollten sie auch. Professor Dr. August Kirsch, Präsident des Organisationskomitees, sprach das Wort zum Schlußtag: »Es gab bei dieser WM keine Verlierer.«

Abends, wenn sich vor der riesigen Videowand auf dem Rasen des Schloßplatzes in der Innenstadt die Leute zum Happening versammelten, um im Open-air-Kino die Wettbewerbe zu verfolgen; wenn im Stadion Schlag auf Schlag die Entscheidungen fielen und die Zuschauer das Oval zum lärmenden, tobenden Tollhaus machten, war es oben im Athletendorf ganz still. In der Dämmerung wich die schwüle Hitze des Sommertages, und die Sportler aus aller Herren Länder drehten im sanften Jogging-Rhythmus ihre Runden durch die grünen Anlagen.

Das weltumspannende Ereignis hatte sich seine Nischen bewahrt. Auch das macht es unvergeßlich.

9.87

4th IAAF WORLD CHAM

**Spätzünder:
Linford Christie**

Linford Christie (Groß-
britannien), geboren am
2. April 1960 in St. An-
drews/Jamaika. Maße:
1,89 m, 77 kg. Größte
Erfolge: 1992 Olympiasie-
ger in Barcelona, 1988
Silber nach Ben John-
sons Doping-Affäre, 1987
WM-Dritter, 1986/90
Europameister.
Champion-Spruch: »Es
ist ein gutes Gefühl, nicht
mehr nur irgend jemand
zu sein.«

Männer: 100 m

Glanz und Elend in drei Akten

W ochenlang wurde die Zündschnur nach Stuttgart gelegt, die Explosion der Erwartungen erfolgte exakt um 20.35 Uhr auf
der Laufbahn des Gottlieb-Daimler-Sta-
dions, und nach einem tiefen Atemzug waren alle Prognosen über dem realen Ergebnis verpufft. Der amtierende Olympiasieger Linford Christie (Großbritannien) gewann das 100-Meter-Finale in 9,87 Sekunden: Europarekord. Carl Lewis (USA),
dessen Weltrekord (9,86) mit dem Wimpernschlag einer einzigen Hundertstelsekunde über den Abend hinaus erhalten
blieb, rannte in 10,02 Sekunden als Vierter
am Siegertreppchen vorbei. Das ist dem
achtmaligen Weltmeister noch bei keiner
WM und bei keinen Olympischen Spielen
passiert. Die Medaillen gingen an zwei seiner Landsleute: Silber holte André Cason
in persönlicher Bestzeit (9,92), wieder einmal Bronze gab's für den Olympia-Dritten
Dennis Mitchell (9,99).
Erster Akt, Prolog: Zweimal besiegte Linford Christie bei hochdotierten Läufen in
Gateshead und Zürich Carl Lewis – den
Mann, ohne dessen Anwesenheit seine Erfolge immer nur den halben Wert hatten.
Doch wieder taugten die Resultate nur für
kurzlebige Sensationen im Rollenspiel der
beiden schnellen Männer. Was der 100-
Meter-Arbeiter-Christie und seine Anhän-
ger als endgültige Wachablösung verkauf-
ten, wurde beim Laufkünstler Carl Lewis
und seinem Gefolge als Fußnote notiert.
Lewis hat sich schon lange herausgelöst
aus der Abhängigkeit aktueller Ergebnis-
se. Der Athlet ist zu schlagen, seine Erfolge sind es nicht mehr. Das Ballyhoo
der Wortgefechte schürte die Spannung.
Lewis: »Ich glaube, Linford kann nicht
schneller laufen, aber ich weiß, daß ich den
Weltrekord verbessern kann.« Christie:
»Ich weiß, daß ich Lewis schlagen werde.«
Die einen hofften auf Lewis und glaubten
an Christie – die anderen hofften auf Christie und fürchteten Lewis und sein Talent
im Poker um Hundertstelsekunden.
*Zweiter Akt, Showdown in 9,87 Sekun-
den:* Am Sonntagabend des 15. August

kippte im Gottlieb-Daimler-Stadion der
Geräuschpegel der 50000 Zuschauer in
atemlose Stille um, als sich die Finalisten
in die Startmaschine knieten, und entlud
sich mit dem Startschuß in unbändigem Jubel. Lewis kam schneller denn je auf die
Beine, brauchte die übliche Anlaufphase,
bis er den Rhythmus gefunden hatte, aber
dann war Lewis nicht mehr der, den man
kannte. Der berühmte unwiderstehliche
zweite Schub jenseits der 50 Meter blieb
aus, kein Funke zündete die zweite Kraft
im Körper. Alle Beschreibungen dieses
Laufs wirken wie Zeitlupe im Vergleich
zur Wirklichkeit: Linford Christie trieb
sich mit derart gewaltigen, aggressiven
Schritten nach vorne, daß auch kein anderer standhalten konnte. Cason, der heimliche Mitfavorit, nicht, und Mitchell schon
gar nicht. Es war die Nacht des auf Jamai-
ca geborenen Engländers, der allen bewies: »Ich bin nicht irgend jemand.«
Der Showdown des Sprints dauerte 9,87
Sekunden – das anschließende Schaulau-
fen zwei Stunden. Im Pulk der Fotografen
und Kameras machte sich Linford Christie
zusammen mit André Cason auf die Ehrenrunde, um sich auf einem langsamen
Spaziergang entlang des Ovals mit Genuß
die Ovationen der Zuschauer abzuholen.
Eine halbe Runde ließen sie dem Weltmeister Vorsprung, dann machten sich Carl
Lewis und Dennis Mitchell auf den Weg,
und der Jubel war nicht weniger groß.
Zurück am Zielstrich begann die Parade
der Parolen: Die schnellen Männer finden
immer viele Worte in der ersten Phase der
Entspannung. Der 33 Jahre alte Triumpha-
tor Christie brachte seine Gefühle in
wohlsortierte Sätze. »Ich bin sehr, sehr
glücklich. Wir sind alle in einem Boot und
laufen aus demselben Grund: um Werbung
für den Sport zu machen. Heute war mein
Tag. Jeder hat seine Ära, und Carl hatte
eine großartige Zeit. Aber nur einer kann
gewinnen, und heute war ich das.«
Unwiderstehlich und unaufhaltsam war er
dort hingelaufen, wo er mit jeder Faser seines Körpers hinwollte: zum WM-Titel.
»Ich habe«, sagte Christie, »perfekte Arbeit geleistet.«
Außerhalb des Blickfelds der Zuschauer
spielten sich in den Katakomben des Stadions abenteuerliche Szenen ab. Die Sani-
täter standen auf Stühlen, um in dem Tu-
mult den Überblick zu bewahren. Wie
nachtschwarze Pumas im Käfig zogen die
Athleten hinter den Absperrgittern ihre

Trainingsanzüge an – und davor haschten die Zaungäste nach jeder Geste, jedem Blick, jedem Wortfetzen. Carl Lewis sprudelte, als habe er gerade eine Quelle neuer Erfahrungen aufgemacht. Stil hat er, der mit so großen Erwartungen gekommen ist und nun mit leeren Händen aus dem Stadion ging. Lewis: »Linford ist ein großartiges Rennen gelaufen und hat diesen Titel verdient. Was mich anbelangt: Alles war da, die Form, das gute Gefühl, die Technik, aber mir fehlte die Konzentration, um das alles auf der Bahn umsetzen zu können.« Er sprach von Enttäuschung und lachte schon wieder. Lewis: »Ich werde wiederkommen.«

Erneut überstrahlte das Duell Christie (33) gegen Lewis (32) sogar die Tatsache, daß zwei andere noch zwischen sie hineingerannt waren. Aber die beiden beherrschen ihre Rolle im Zirkus der Zeitenjäger auch nicht schlecht. In der stickigen Luft des Zeltes, in dem die Medaillengewinner Rede und Antwort standen, telefonierte André Cason drahtlos und ungestört von den Blicken der über hundert Zuhörer leise wer weiß, wohin, und Dennis Mitchell lümmelte sich in seinen Stuhl, als säße er daheim vor dem Fernseher. Er vertraute den Lauschern schließlich an, daß er vor dem Rennen immer nur gedacht habe: »Zum Teufel damit« – und hinterher froh war über das Ergebnis. Und Cason? »Ich bin schneller gelaufen als je zuvor, deswegen kann ich zufrieden sein. Linford ist ein großartiger Champion.«

Dritter Akt, Epilog: Der Mythos des Sprints lebt von den Legenden, die um ihn herum gebildet werden – und von der Gegensätzlichkeit der Hauptdarsteller: Lewis und Christie – sie kamen auf der Bahn zusammen und gingen auseinander, jeder in seine Welt zurück. Carl Lewis in das Luxushotel, in dem er mit den Kollegen des Santa Monica Track-Clubs komfortabel logierte. Linford Christie in die Jugendherbergs-Atmosphäre des Athletendorfs. »Ich bin Mannschaftskapitän«, sagte Christie, »deswegen gehöre ich dorthin.« Es trennt sie weit mehr als nur eine Hundertstelsekunde.

100 m Männer

Finale am 15. 8. 1993

1. Linford Christie (Großbritannien) 9,87
2. André Cason (USA) 9,92
3. Dennis Mitchell (USA) 9,99

Sieger sind auch nur Menschen

Keiner kann vor einem Rennen so selbstbewußt voraussagen, daß er gewinnen will – und keiner kann hinterher so wunderbar erklären, daß ihm Siege gar nicht so wichtig sind. Carl Lewis', zweiter Auftritt, die letzten Szenen: Das Trikot flog ins Publikum, die Schuhe hinterher. So stand er dann mit nichts als der kurzen Hose bekleidet barfuß vor denen, die ihn auch als Bronzemedaillengewinner lauter feierten als manchen Sieger. Die große Geste vertreibt die Furcht, zum Auslaufmodell einer Ära zu werden. Nach 16 Titeln in zehn Jahren erstmals ohne Gold? Der Star zuckte mit den Schultern und sagte gelassen: »Nach 16 Titeln in zehn Jahren habe ich eine Auszeit genommen.« Was seien schon Siege oder Niederlagen im Sport im Vergleich zu einem kleinen, schwerkranken Mädchen, das nur mit einer Organspende weiterleben könne. Er habe soviel Talent von Gott bekommen und damit auch die Verpflichtung, das Leben anderer Men-

Carl Lewis und Mike Marsh nach dem 200-m-Finale: »So stand er dann mit nichts als der kurzen Hose bekleidet barfuß vor denen, die ihn auch als Bronzemedaillengewinner lauter feierten als manchen Sieger.«

Der Schuß ging einen Tag zu früh los: Leroy Burrell von der US-amerikanischen 4×100-m-Staffel.

schen zu verbessern. Die Gedanken über den Sport hinaus teilt der Amerikaner mit dem Mann, in dem er seinen Meister fand. Frank Fredericks (25) aus Namibia gewann in der Jahresweltbestzeit von 19,85 Sekunden als erster Afrikaner eine Sprint-Goldmedaille und sorgte dafür, daß Carl Lewis nach zehn Jahren zum erstenmal eine internationale Meisterschaft ohne Titel verließ. Zweiter wurde der britische Europameister John Regis mit neuem Landesrekord in 19,94 Sekunden und war restlos zufrieden: »Ich hätte keine Hundertstelsekunde schneller laufen können. Mein Ziel war eine Medaille.« Der hochgewettete Mike Marsh (USA) ging leer aus.

Fredericks, Informatik-Student in Amerika, amüsierte sich köstlich darüber, daß er nicht zu den Topfavoriten gerechnet worden war, obwohl er in diesem Jahr nur zwei 200-Meter-Rennen verloren hatte. Der Mann hat Humor: »Es ist schön, zur Abwechslung einmal Gold zu gewinnen«, sagte er lachend nach dem Rennen in Anspielung auf die Tatsache, daß er auf zweite Plätze abonniert schien. Fredericks gewann Silber über 100 und 200 Meter bei den Olympischen Spielen in Barcelona und war 1991 Vize-Weltmeister über 200 Meter in Tokio. Nachdem er, dessen sportliche Karriere übrigens als Fußballspieler begann, am Sonntag über 100 Meter nur als Sechster das Ziel erreicht hatte, wollte er wenigstens den langen Sprint »unbedingt gewinnen«.

Auf die Frage, was dieser Sieg – vor den Augen des namibischen Ministerpräsidenten im Stadion – für seine Heimat bedeute, ließ er sich zwar darauf ein, daß dies möglicherweise ein Anstoß für Geldgeber sein könne, in bessere Bahnen und bessere Trainer zu investieren. Doch die Rolle des großen Idols, der seinem Land Segen bringen könne, lehnte er ab: »Ich will kein Gott für Namibias Kinder sein. Was wir brauchen, ist eine gute Ausbildung für unsere Kinder, denn das ist der Schlüssel, der alle Türen öffnet. Wenn ich nicht gut in der Schule gewesen wäre, hätte ich nie einen Platz an einer amerikanischen Universität bekommen.«

200 m Männer

Finale am 20. 8. 1993

1. Frank Fredericks (Namibia) 19,85
2. John Regis (Großbritannien) 19,94
3. Carl Lewis (USA) 19,99

Weltrekord im Halbfinale

Typisch US-Boys: Sie konnten sich den Knaller nicht verkneifen. Nur ging der Schuß einen Tag zu früh los. Das amerikanische Sprinter-Quartett egalisierte mal eben im Halbfinale in der Besetzung John Drummond, André Cason, Dennis Mitchell und Leroy Burrell den eigenen Weltrekord in 37,40 Sekunden. Fassungslos starrten sie auf die Anzeigetafel. »Den Weltrekord wollten wir uns eigentlich für das Finale aufheben«, meinte Leroy Burrell, der ahnte, daß ein derart optimales Rennen innerhalb von zwei Tagen kaum zu wiederholen sein würde. Aber gemach: Nur genau acht Hundertstel blieben die tollen Vier im Endlauf unter ihrer Bestmarke und sicherten sich überlegen den Titel. Burrell, der sich für kein Einzelrennen qualifizieren konnte, war in die Staffel gekommen, weil sein Freund Carl Lewis zu seinen Gunsten verzichtet hatte.

Die wahre Überlegenheit der Amerikaner signalisiert die Zeit der Zweiten: Sprint-Weltmeister Linford Christie führte die Briten mit Colin Jackson, Tony Jarrett und John Regis in 37,77 Sekunden zu einem neuen Europa-Rekord, der in Stuttgart nur Silber wert war.

Die Show beherrschen die Amerikaner so gut wie den Sport: Fast zwanzig Minuten lang machten die Sprinter die Arena zur Zirkusmanege mit Clownereien und Kapriolen. Fast widerwillig überließen sie schließlich den Langstrecklern die Bahn.

Die deutsche Staffel belegte mit Marc Blume, Robert Kurnicki, Michael Huke und Steffen Gormer in 38,78 Sekunden den sechsten Platz. Der Startläufer gab die Stimmung wieder. Blume: »Wir waren schon froh, überhaupt in dieses Traumfinale gekommen zu sein. Und jetzt auch noch Sechste – was wollen wir mehr...«

4×100 m Männer

Finale am 22. 8. 1993

1. USA (Drummond/Cason/Mitchell/
   Burrell) 37,48
2. Großbritannien (Jackson/Jarrett/Regis/
   Christie) 37,77
3. Kanada (Esmie/Gilbert/Surin/
   Mahorn) 37,83

Männer: 400 Meter

Trommelfeuer im Treibhaus der Zeitenjäger

Die Faszination der stoisch dahinrinnenden Zeit und der unstillbare Trieb der Menschen, mit Muskelkraft dagegen anzurennen, stellt sich auf keiner anderen Strecke so bildhaft dar wie auf einer Stadionrunde. Michael Johnson als Absolvent einer Hochbegabtenschule zieht die Herausforderung der 400 Meter den anderen Distanzen vor, weil sie die Intelligenz der Athleten fordere: »Man muß mehr denken, das macht mehr Spaß.«

Sein Spaß in Stuttgart dauerte exakt 43,65 Sekunden lang und endete mit der drittschnellsten je über 400 Meter gelaufenen Zeit. Und dann dieser unverkennbare Laufstil: Aufrecht wie ein stolzer Oberkellner im vollbesetzten Drei-Sterne-Restaurant eilte er seiner Aufgabe nach – und wenn er in der Hand ein Tablett mit vollen Gläsern hätte balancieren müssen, er hätte

vermutlich auch die noch ohne Scherben serviert. Der Amerikaner trommelte in der abendlich-schwülen Treibhaus-Atmosphäre mit kurzen, zackigen Stechschritten über die Laufbahn. Einer wie er verschwendet keine Gedanken an die Verfolger, sondern nur an das näher rückende Ziel. »Ich will als einer der besten Läufer aller Zeiten in die Geschichte eingehen«, erklärte er. Einige Kapitel hat er schon geschrieben: Als einziger Läufer führte er 1992 die Weltranglisten über 200 und 400 Meter an. 1991 wurde er Weltmeister über 200 Meter, in Stuttgart über 400 Meter. In 25 Endläufen seit 1990 fand er keinen Bezwinger. Die PR-Kampagne des Marketing-Studenten aus Texas ist in Stuttgart optimal verlaufen. Johnson: »Das Rennen lief ganz nach Plan. Ich bin mit dem Ergebnis zufrieden, aber ich weiß, daß ich schneller laufen kann.«

Der 25jährige Streber ist nicht eine dieser amerikanischen Ulknudeln, deren lässige Fröhlichkeit den eher gewissenhaften Mitteleuropäer immer ins Schwärmen bringt. Johnson arbeitet ernst, freut sich ernst – und selbst wenn er jubelt, hat er noch ein mürrisches Gesicht. Es soll, hört man, bei den Johnsons daheim ziemlich streng zugegangen sein.

Was freilich wäre Johnson ohne die Gegner, die er in Stuttgart einmal mehr bezwungen hat. Nehmen wir Quincy Watts, Olympiasieger 1992 und alles andere als ein Kind von Traurigkeit. Der 23 Jahre junge Kalifornier, der ganz im Gegensatz zu Johnson selbst im Startblock noch ein Lausbubenlächeln hervorzaubert, hat seine Goldmedaille aus Barcelona ein wenig intensiv gefeiert und ist danach nicht so in

»Man muß mehr denken, das macht mehr Spaß«: Michael Johnson (Mitte) zieht die Herausforderung der 400 Meter den anderen Distanzen vor.

die Gänge gekommen, wie sein Trainings-
partner Kevin Young und Coach John
Smith sich das vorgestellt hatten. Aber die
Begabung allein reichte schon, um ihn in
der Favoritenliste für Stuttgart ganz oben
wiederzufinden. Er wurde schließlich Vierter in 45,05 Sekunden.

Der Kenianer Samson Kitur (27) holte sich
in 44,54 Sekunden die Bronzemedaille.
Danach schnaufte er erst einmal mächtig
durch und sagte: »Es war ein hartes Rennen. Nach etwa der Hälfte hatte ich Probleme, aber ich wußte die ganze Zeit über,
daß ich eine Medaille holen kann.«

Medaille, Sieg, Zeit-Zeichen: Einer, der
Gold wollte, mit Silber sehr zufrieden war,
ein Comeback nach zweijähriger Pause bei
einer internationalen Meisterschaft feierte
und doch mehr Schlagzeilen gemacht hatte
als jeder andere Athlet der Welt war Harry
»Butch« Reynolds. Ein Mann wie ein Si-
gnal: 80 Kilo auf 191 Zentimeter Körper-
länge verteilt. Prinz Löwenherz der Laufbahn. Vor fünf Jahren lief der Amerikaner
in Zürich einen Fabel-Weltrekord: 43,29
Sekunden. Im August 1990 wurde er beim
Meeting in Monte Carlo zur Doping-Pro-
be gebeten, die Analyse ergab ein Zuviel
des anabolen Steroids Nandrolon, und
der Internationale Leichtathletik-Verband
sprach eine zweijährige Sperre aus. Doch
Reynolds setzte sich nicht wie ein armer
Sünder ins Eck und bereute. Er wehrte
sich, beteuerte konsequent seine Unschuld
und sagte den Funktionären einen unnach-
giebigen Kampf an. In einer beispiellosen
Serie von Einsprüchen, Protesten und Pro-
zessen – erst innerhalb des Verbands und
dann auf allen Ebenen der zivilen Ge-
richtsbarkeit – machte Butch Reynolds seine Ankündigung wahr. Im Juni 1991 setzte
er die Startberechtigung bei den Landes-
meisterschaften durch, ein Jahr später er-
kämpfte er sich vor dem Obersten Bundes-
gerichtshof die Teilnahme an den amerikanischen Olympiaausscheidungen. Barcelona verfehlte er, aber der andere Erfolg war
ihm mindestens ebenso wichtig: Im Dezember 1992 urteilte ein weiteres Gericht,
daß Butch Reynolds ein Schadensersatz
für entgangene Geschäfte in Höhe von 6,8
Millionen Dollar und ein Schmerzensgeld
in Höhe von 20,3 Millionen Dollar zuste-
he. Das Bundesbezirksgericht sah es als er-
wiesen an, daß Reynolds zu Unrecht wegen Dopings gesperrt worden war. Die
IAAF erkannte das Urteil, das sich über
das Verbandsrecht hinweggesetzt hatte,

nicht an, aber ihr mächtiger Präsident Primo Nebiolo sah sich zweifellos erstmals einem Athleten gegenüber, dessen Marathon durch die Instanzen eine beeindruk-
kende Autorität wachsen ließ.

Recht oder Unrecht: Butch Reynolds gab
auch sportlich in Stuttgart eine präzise
Antwort auf die Frage, wie er die turbulen-
te Zeit überstanden hat. 44,13 Sekunden in
einem der schnellsten 400-Meter-Rennen
aller Zeiten, Platz zwei und sein Kommentar: »Es war ein Festival der schnellsten
Ein-Runden-Läufer der Welt. Ich habe alles gegeben. Ich muß Michael gratulieren,
er ist wirklich der Beste in der Welt.«

Die Auseinandersetzung zwischen Nebiolo
und Reynolds gipfelte am Schlußtag der
Weltmeisterschaften im Herzen der Arena
vor den Augen sämtlicher Athleten, die
zur Abschiedsfeier einmarschiert waren in
einen versöhnlichen Akt: Die letzte Siegerehrung der Titelkämpfe war jene über
400 Meter. Auf dem Podest stand Butch
Reynolds im Kreis seiner siegreichen Staf-
fel-Kollegen. Die Medaillen übergab Primo Nebiolo persönlich, und als Reynolds
nach vorne trat, um sie sich umhängen zu
lassen, zog Nebiolo den völlig verblüfften
Widersacher zu sich her und umarmte ihn.
Diese große Geste vor den Augen der
Leichtathletik-Welt zeigt: Nebiolo beherrscht sein Geschäft. Aber Reynolds
wird auch wissen, wie er Kapital daraus
schlägt. In einem sind sich beide einig: The
show must go on . . .

400 m Männer

Finale am 17. 8. 1993

1. Michael Johnson (USA) 43,65
2. Harry Reynolds (USA) 44,13
3. Samson Kitur (Kenia) 44,54

Männer: 4×400 Meter

Das Traumfinale in Bronze – und ein Weltrekord

Der US-Meister übergab an den Olympiasieger, der Olympiasieger an den
Weltrekordler, der Weltrekordler an den

Weltmeister: Nach 2:54,29 Minuten waren Andrew Valmon, Quincy Watts, Butch Reynolds und Michael Johnson am Ziel – und die Weltmeisterschaften der Leichtathleten waren im Prinzip zu Ende: Der Weltrekord der amerikanischen Staffel als logische Folge einer in ihrer Qualität berechenbaren Traumbesetzung, wie sie die Fans noch nie zuvor erlebt hatten. Aber was ist schon Logik, wenn ein unvergleichliches Fest mit einem Feuerwerk endet, das Athleten und nicht Pyrotechniker zünden?

Im Windschatten der US-Staffel bahnte sich die Sensation an, die das Stadion mit seinen 52 700 Zuschauern am Schlußtag in ein brodelndes Tollhaus verwandelte. Der Chemnitzer Rico Lieder (22) legte den Grundstein, der Berliner Karsten Just (24) übernahm den Stab, der Dortmunder Hürdenspezialist Olaf Hense (25) stürmte in die dritte Runde, und Thomas Schönlebe vollendete ein Meisterstück jenseits des realen sportlichen Vermögens: Bronze für die deutsche Staffel in 2:59,99 Minuten hinter Kenia und vor Frankreich. Keinen Pfennig hätten die Experten auf sie verwettet – und wenn doch, dann als moralisches Gnadenbrot für einen Funken Hoffnung. Aber das Publikum entflammte die Zündschnur. »Die Zuschauer«, sagte Thomas Schönlebe, »haben uns mindestens zwei Sekunden gebracht.«

Das mag eine sehr großzügige Schätzung gewesen sein, aber er wollte wohl nur ausdrücken, was man fühlt, wenn man durch einen kochenden Kessel rennt und die Hitze unter den Fußsohlen lauter kleine Explosionen entfacht. »Ich werde das Gefühl, in einem solchen Wettkampf gelaufen zu sein, nie in meinem Leben vergessen« – Thomas Schönlebe ist keiner, der große Worte in unbedachten Momenten wählt. Der 28jährige Schlußläufer war die letzten Runde in sagenhaften 44,2 Sekunden bei fliegendem Start gelaufen, umgerechnet ähnlich schnell wie zuvor nur einmal in seiner langen, erfolgreichen Karriere: 1987 stellte der Chemnitzer in 44,33 Sekunden den noch heute gültigen Europarekord über 400 Meter auf. Er wußte es sofort: »Das war das zweitbeste Rennen meiner Laufbahn.«

Die drei jüngeren Athleten, die die Teamarbeit perfekt gemacht haben, mögen es verzeihen, wenn die größere Aufmerksamkeit in der Nachbetrachtung dem letzten Mann gehört. Der Weltmeister von

1987 und zweifache Vize-Europameister hatte eigens für die Staffel auf den Einzelstart verzichtet, um alle Kräfte zu sammeln für eine Chance, die er solo sowieso nicht hatte. Eine chronische Achillessehnen-Erkrankung macht dem namhaftesten der vier Athleten seit zwei, drei Jahren schon das Läuferleben schwer. Zu schlimm, um die alte Qualität wieder zu erreichen, aber »nicht gravierend genug, um Schluß zu machen«. Man müsse Abstriche machen, hat er bei den nationalen Titelkämpfen gesagt, als er Meister wurde und froh war, die Fahrkarte nach Stuttgart überhaupt gelöst zu haben. »Man ist älter geworden.« Er sprach von einer Leistungsexplosion auf seiner Strecke und davon, daß es von Jahr zu Jahr schwerer werde, mitzuhalten. Der Bank-Angestellte Schönlebe: »Früher konnte ich mich besser auf mein Training konzentrieren, heute habe ich schon mal andere Dinge im Kopf.« Zehn Jahre im Hochleistungsbereich verschleißen den Körper und den Geist; es sei denn, man erlebt eine Frischzellenkur à la Stuttgart. Carsten Just: »Wir haben alle im Finale 101 Prozent gegeben.«

Olaf Hense von der deutschen 4×400-m-Staffel übergibt den Stab an Thomas Schönlebe – wenig später ist die Sensation perfekt: Bronze für die deutsche Staffel in 2:59,99 Minuten hinter Kenia und vor Frankreich.

4×400 m Männer

Finale am 22. 8. 1993

1. USA (Valmon/Watts/Reynolds/
   Johnson) 2:54,29 (WR)
2. Kenia (Ochieng/Kemboi/Matilu/
   Kitur) 2:59,82
3. Deutschland (Lieder/Just/Hense/
   Schönlebe) 2:59,99

WR = Weltrekord

787

STUTTGART '93

Paul Ruto: Noch ein Kenianer

Heilfroh war er, daß der große Altmeister Billy Konchellah wenigstens noch Bronze gewonnen hatte. Wie sonst hätte Paul Ruto die Aufregung der internationalen Pressekonferenz ohne Herzkasper und ohne landsmännische Unterstützung überstehen sollen. Die Sache mit dem Laufen war ihm bedeutend leichter gefallen: In 1:44,71 Minuten gewann der Kenianer den 800-Meter-Lauf vor dem Italiener Giuseppe D'Urso (1:44,86) und seinem berühmten Landsmann Billy Konchellah (1:44,89). Am Ende der Titelkämpfe war seine Medaille eine von insgesamt zehn, die die kenianische Mannschaft in Stuttgart gewonnen hat: dreimal Gold, dreimal Silber, viermal Bronze.

Die Versuche, in der umfangreichen Mannschaftsbroschüre etwas über den neuen Weltmeister zu erfahren, versandeten kläglich. Paul Ruto qualifizierte sich erst spät als Zweiter der Afrika-Meisterschaften und als Sieger der kenianischen WM-Ausscheidung für die Titelkämpfe, aber da war das Heft schon gedruckt. Das ist einmal mehr ein Beispiel für etwas, das die Leichtathletik-Welt immer wieder mit Verwunderung und Respekt registriert: Das Reservoir der Talente aus dem armen Kenia mit seinen 24 Millionen Einwohnern und zwei Kunststoffbahnen scheint unerschöpflich zu sein. Paul Ruto ist schon 33 Jahre alt, aber über die Regional-Ausscheidungen war er nie hinausgekommen. Nun ist er Weltmeister.

Eigentlich ist er es deswegen geworden, weil diesmal die Taktik des Dreier-Gespanns nicht aufging. Gold, Silber und Bronze wollten sie gewinnen: Paul Ruto sowie der zweifache Weltmeister Billy Konchellah (1987 und 1991) und der Olympiasieger William Tanui. Die Reihenfolge sollte, man ist ja selbstbewußt, erst ausgemacht werden, wenn das erste Plansoll erreicht war. Aber dann kam es anders. Konchellah, der eine Reihe schwerer Krankheiten (Asthma, Tuberkulose) überstehen und auf die Olympischen Spiele 1988 wie 1992 verzichten mußte, bekannte: »Ich habe zu lange gewartet, bis ich angezogen habe. Ich war ein bißchen zu selbstsicher und hätte früher antreten sollen. Das kostete mich den Sieg.«

Paul Ruto profitierte davon: »Ich wollte die erste Runde schnell angehen und wunderte mich auf der Zielgeraden, wo Konchellah war. Aber dann lief ich selbst auf Sieg.« Tanui wurde in 1:45,80 Minuten nur Siebter.

Der Italiener Giuseppe D'Urso lauschte, als die beiden von den diplomatischen Verwicklungen während ihres 800-Meter-Laufs erzählten – und gab schließlich seine ganze private Bilanz wieder: »Ich widme diese Medaille meinen Eltern und meinem Lehrer, der vor neun Jahren ein Stück Papier an die Wand klebte.« Jungs, stand da drauf, wer wird unser 1000-Meter Rennen gewinnen? D'Urso: »Ich gewann – in Jeans und T-Shirt.«

800 m Männer

Finale am 17. 8. 1993
1. Paul Ruto (Kenia) 1:44,71
2. Giuseppe d'Urso (Italien) 1:44,86
3. Billy Konchellah (Kenia) 1:44,89

Morceli und die Meisterehre

Er war der einzige, der mit dem angedrohten Boykott der Weltmeisterschaften Ernst machen wollte. So ein Auto, wie es in Stuttgart vom Sponsor für den Titel ausgelobt war, habe er bereits in der Garage stehen, meinte Noureddine Morceli und beharrte bis zuletzt in unnachgiebigem Stolz darauf, ohne lukratives Preisgeld komme ein Start für ihn nicht in Frage. Nun muß er seine Garage doch ausbauen: Souverän gewann der Algerier in 3:34,24 Minuten den 1500-Meter-Lauf vor Olympiasieger Fermin Cacho aus Spanien (3:35,56) und Ex-Weltmeister Abdi Bile aus Somalia (3:35,96).

»Mich interessieren Rekorde und keine Titel«, wurde der 1991 in fünfzehn 1500-Meter-Rennen ungeschlagene Algerier im

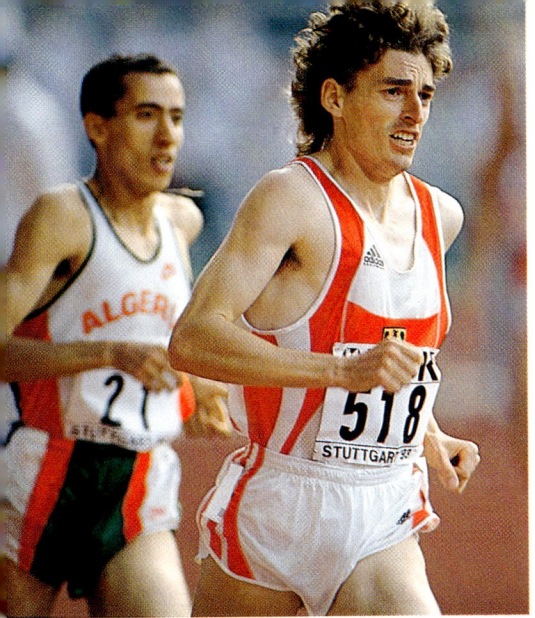

Weltmeister wider Willen: Noureddine Morceli

Noureddine Morceli (Algerien), geboren am 28. Februar 1970. Maße: 1,72 m, 62 kg. Größte Erfolge: 1991 Weltmeister. Champion-Spruch: »Mich interessieren keine Titel, nur Rekorde.«

Oben links: Jens-Peter Herold ist der Pechvogel dieser WM. Schon nach dem Vorlauf war sein Traum vom Finale vorbei.

Vorfeld der WM immer wieder zitiert. Er werde während der WM Ferien machen, ohne Preisgeld kein Start. IAAF-Präsident Nebiolo konterte mit seinen Mitteln, drohte eine zweimonatige Sperre und ein Startverbot bei Olympischen Spielen für den Fall an, daß Morceli aus den genannten Gründen nicht in Stuttgart antreten werde. Morceli kam, lief und siegte – und sagte hinterher brav: »Ich bin sehr froh, dieses Rennen gewonnen zu haben.« Er tanzte abends ausgelassen bei der Abschlußfete im Athletendorf – und falls er für den Mercedes selbst keine Verwendung hat, kann er ihn ja einem seiner fünf Brüder oder einer seiner drei Schwestern schenken.

Der eine wollte nicht kommen und gewann, ein anderer wollte so vieles – und konnte nicht: Jens-Peter Herold ist der Pechvogel dieser WM. Sein Traum vom Finale und vielleicht sogar von einer Medaille war schon nach dem Vorlauf vorbei. Der Berliner stürzte nach einer Kollision mit dem Briten Steve Cram und kam als Neunter abgeschlagen ins Ziel. Herold war untröstlich: »So ein Jammer, etwa 200 Meter vor dem Ziel traf mich Steve Cram mit seiner Hand an meinem Fuß. Ich stürzte, und alles war vorbei.« Der DLV legte Protest ein, doch das Schiedsgericht wies ihn zurück. Rüdiger Stenzel (Wattenscheid), der in neuer persönlicher Bestzeit überraschend den Endlauf erreicht hatte, belegte einen hervorragenden zehnten Platz (3:38,66).

1500 m Männer

Finale am 22. 8. 1993

1. Noureddine Morceli (Algerien) 3:34,24
2. Fermin Cacho (Spanien) 3:35,56
3. Abdi Bile (Somalia) 3:35,96

Unten: 1500-m-Finale der Männer. Noureddine Morceli kam, lief und siegte (mit der Nummer 21, daneben mit der Nummer 308 der spanische Silbermedaillengewinner Fermin Cacho). Links mit der Nummer 1124: Bronzemedaillengewinner Abdi Bile aus Somalia.

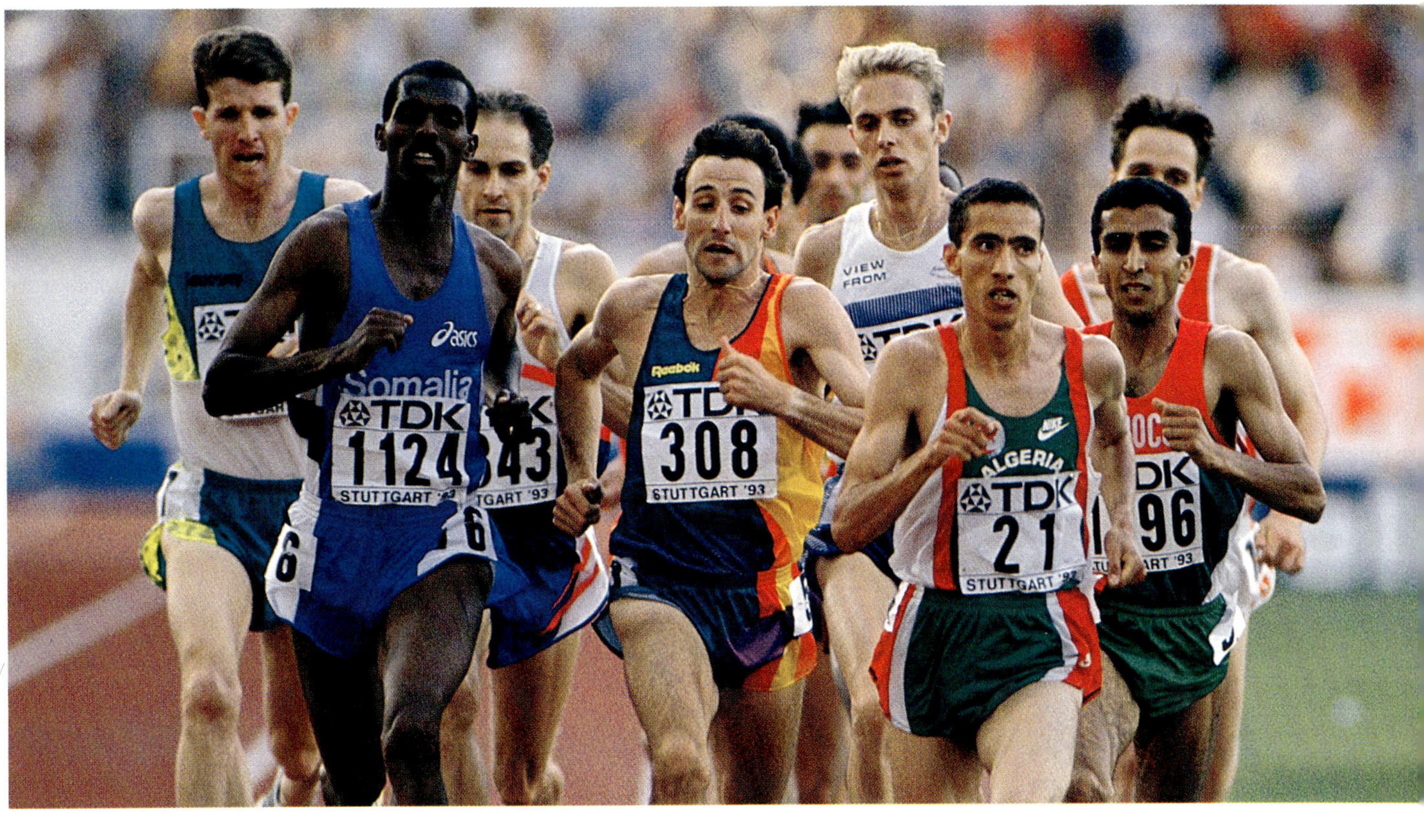

Seite 28/29
Dem Kenianer Paul Bitok ist die Anstrengung des 5000-m-Finales ins Gesicht geschrieben.

Seite 30/31
Die Marathon-Läufer trugen die weltmeisterliche Atmosphäre aus dem Stadion hinaus und brachten jene Stimmung aus der Stadt zurück, die man sich für die Titelkämpfe so sehr gewünscht hatte. Im Bild der Kenianer Boniface Merande vor dem späteren Goldmedaillengewinner Mark Plaatjes aus den USA.

Rechts: »Die Ehrenrunde war fast anstrengender als der Lauf selbst«: Der in Versailles geborene Marketing-Fachmann Stephane Franke betrieb in Stuttgart erfolgreich Werbung in eigener Sache.

Männer: 5000 Meter

Kirui gewann die Jagd auf Skah

Es war vor dem Beginn der Wettbewerbe: Vor den Toren des Athletendorfs hockte ein schmaler, schwarzer Athlet in der Sonne und blinzelte vergnügt die seltenen Besucher an. Woher er denn komme, fragte eine Reporterin – und da fügte er zu seinem Namen des besseren Verständnisses wegen noch eine Erklärung hinzu: »Ich bin«, sagte er, »der Dieter Baumann Kenias.« Zwei Tage später war klar, wie recht Ismael Kirui hatte.

Die Fährte dieses 5000-Meter-Finales führt zurück nach Barcelona – denn Kalid Skah wußte, daß die kenianischen Jäger in Laufschuhen die Spur über jede Distanz aufnehmen würden. Zur Erinnerung: In einem denkwürdigen olympischen 10 000-Meter-Lauf behinderte Skahs marokkanischer Landsmann Hammon Bontayab als Überrundeter den Kenianer Richard Chelimo einen Kilometer vor dem Ziel, Kalid Skah konnte ungestört zum Endspurt antreten. Chelimo als Zweiter galt zunächst als Olympiasieger, aber 13 Stunden später wurde der Regelverstoß des Marokkaners wieder für ungültig erklärt – Gold ging endgültig an Skah.

Doch verletzter Stolz kennt keine Gnade. Im Gottlieb-Daimler-Stadion erteilten die Kenianer dem 26jährigen Lehrer-Sohn aus Nordafrika, der mit einer Norwegerin verheiratet ist und im hohen Norden die zweite Heimat hat, ihre längst geplante Lektion. Gemeinsam sind sie fast unschlagbar: Michael Chesire legte ein wahnwitziges Tempo vor, wohl wissend, daß ein Landsmann ihn ablösen würde, wenn seine Kraft zu Ende ginge. Die drei Äthiopier Haile Gebresilasie, Fita Bryesa und Worku Bikila keilten Skah ein und verpaßten darüber selber den Anschluß. Ismael Kirui löste sich und überließ den Landsleuten hinter ihm die Aufgabe, die Gegner mit nervtötenden Tempowechseln in Schach zu halten. Der 18jährige Teenager wachte via Videowand über die Verfolger und stürmte unaufhaltsam seinem ersten Weltmeistertitel entgegen. Ismael Kirui: »Wir hatten keine Taktik, wir wollten nur, daß Kalid

Skah nicht nach vorne geht.« Der wegen einer Fußverletzung verhinderte Olympiasieger Dieter Bauman schaute sich die Jagd am Fernseher an. Seine Erkenntnis für die Zukunft: »Zieh dich warm an, Dieter . . .«

5000 m Männer

Finale am 16. 8. 1993

1. Ismael Kirui (Kenia) 13:02,75
2. Haile Gebresilasie (Äthiopien) 13:03,17
3. Fita Bayesa (Äthiopien) 13:05,40

Männer: 10 000 Meter

Stephane Franke: Ein furioses Finale

Eis essen, Bier trinken – halt alles, was sinnloses Vergnügen bereitet und höchstens den Magen, aber nicht die gute Laune verderben kann – werde er irgendwann bald einmal tun. Aber vorher wolle er die Form noch nützen und weiterlaufen.

Am liebsten, so schien es, wäre Stephane Franke sofort wieder angetreten. Dabei hatte er gerade zehn Kilometer in 28:10,69 Minuten heruntergerannt und

mußte nach menschlichem Ermessen erschöpft im Rasen liegen. Weit gefehlt: Als die Beine Pause machen durften, spulte er in Worten das Rennen noch einmal ab – was eindeutig bewies: Erfolg macht munter, auch wenn die Füße noch so platt sind. Der Kornwestheimer Stephane Franke (29) lief am Schlußtag der Weltmeisterschaften im rauschenden Applaus der Zuschauer ein furioses Finale, wurde Vierter hinter den drei Afrikanern Haile Gebresilasie, Moses Tanui sowie Richard Chelimo – und durfte mit Fug und Recht das Glücksgefühl eines Siegers auskosten.

Im Ziel war er von Dieter Baumann aufgefangen worden. Dessen Frau Isabell ist Stephane Frankes Trainerin. Sie hatte den Takt seines Trainings bestimmt: Ausdauer und Tempo, konserviert in der Höhenluft von Flagstaff (USA) und umgesetzt im Stuttgarter Flachland. Franke: »Die Ehrenrunde war fast anstrengender als der Lauf selbst.« Der in Versailles geborene Marketing-Fachmann machte die eindrucksvollste Werbung, die man in eigener Sache als Athlet anstreben kann: Franke stürmte mit vollem Risiko, hatte den Mut, von Anfang an das Tempo der Laufwunder aus Afrika mitzugehen. Wenn Löcher aufzureißen drohten, füllte er sie mit Kraft in den Beinen und der Motivation von den Rängen. Franke: »Ich habe eine richtige Gänsehaut gekriegt.« Die Analyse: »Bei guter Vorbereitung ist alles möglich.«

Die Herausforderung heißt Afrika: Deren Heißsporne lieferten sich wieder einmal einen rücksichtslosen Kampf um die Medaillen. Tanui (Kenia) stritt mit Gebresilasie (Äthiopien) erst einmal darüber, daß dieser gefälligst auch mal Führungsarbeit zu übernehmen habe. Der maulte zurück, was der Geschwindigkeit keinen Abbruch tat – statt dessen trat er Tanui schließlich so rüde in die Ferse, daß dieser den Schuh wegschleudern mußte. Stocksauer über Weltmeister Gebresilasie saß der Kenianer später mit Silber in der Pressekonferenz und sagte: »Er trat mich nur deshalb, weil das der einzige Weg war, mich zu schlagen.«

10 000 m Männer

Finale am 22. 8. 1993

1. Haile Gebresilasie
   (Äthiopien) 27:46,02
2. Moses Tanui (Kenia) 27:46,54
3. Richard Chelimo (Kenia) 28:06,02

Das späte Glück des Mark Plaatjes

Hochsommerliche Schwüle bei 63 Prozent Luftfeuchtigkeit verlangte den Marathonläufern alles ab. Im Bild der Franzose Dominique Chauvelier.

Vor ihnen lag die Hoffnung: gepflastert auf einem Weg voller Schmerzen und geprägt von unbändigem Mut – jenem Mut, dem durchtrainierten Körper den Willen aufzuzwingen.

Mit dem Klassiker der Langstrecke fingen die Weltmeisterschaften an, und es passierte genau das, was sich die Veranstalter davon erhofft hatten: Die Marathon-Läufer trugen die weltmeisterliche Atmosphäre aus dem Stadion hinaus und brachten jene Stimmung aus der Stadt zurück, die man sich für die Titelkämpfe so sehr gewünscht hat.

Unbarmherzig heizte die Sonne den späten Nachmittag auf. Hochsommerliche Schwüle bei 63 Prozent Luftfeuchtigkeit verlangten den Läufern alles ab. Aber Lust und Last finden im Marathon immer wieder zueinander.

180000 Zuschauer entlang der Strecke machten den Lauf der Helden auf den Spuren der griechischen Geschichte zu einem unvergleichlichen Erlebnis. Ein Triumphzug über 42,195 Kilometer: Der Sieger Mark Plaatjes (2:13:57 Stunden) fühlte sich so und erzählte später, warum.

Dabei erlebten die Fans außerhalb des Stadions Züge eines Dramas. Nur noch weni-

Der Marathonmann: Mark Plaatjes

Mark Plaatjes (USA), geboren am 2. Juni 1962 in Südafrika. Maße: 1,73 m, 64 kg. Größte Erfolge: 1981/1985: Südafrika-Meister, 1991 Sieger in Los Angeles, Zweiter in Berlin, 1993 Sechster in Boston.
Champion-Spruch: »Ich fühlte mich schrecklich, als ich Lucketz Swartbooi wenige Meter vor dem Ziel überholt habe. Aber ich dachte: Ich bin 31, und er ist noch jung und kann noch oft gewinnen...«

Der Deutsche Konrad Dobler im Ziel: Wer einen Marathon beendet, ist ein Sieger. Wer ihn als Sechster beendet, ist ein großer Sieger.

Marathon Männer

Finale am 14. 8. 1993

1. Mark Plaatjes (USA) 2:13:57
2. Lucketz Swartbooi (Namibia) 2:14:11
3. Bert van Vlaanderen
   (Niederlande) 2:15:12

ge Meter bis zum großen Tor ins Stadion hinein lagen vor Lucketz Swartbooi, der den größten Teil des Rennens allein an der Spitze gelaufen war. Plötzlich spürte er den heißen Atem eines Verfolgers und konnte sich nicht wehren. Swartbooi: »Ich wußte, daß Mark aufholte, aber ich hatte alles gegeben und war so müde, daß ich mich nicht wehren konnte.«

Der Läufer aus Namibia mußte Mark Plaatjes passieren lassen, aber er konnte nicht ahnen, wie schwer dies dem Gegner fiel, obwohl dessen Beine ihn beschwerdefrei vorwärts trugen. Der Weltmeister: »Ich fühlte mich so schrecklich schlecht, als ich Lucketz überholte. Er hatte so viel Führungsarbeit geleistet und ein so phantastisches Rennen gelaufen.«

Mit-Leiden bedeutet auf dieser Strecke kein Mitleid, sondern das Wissen um die Torturen des anderen aus der eigenen Erfahrung heraus. Das verbindet: Im Ziel breitete der Sieger die Arme aus und empfing den geschlagenen Zweiten mit der herzlichen Geste eines Freundes. Plaatjes: »Als ich vorbeiging, dachte ich eben: Er ist

noch so jung, hat noch so viele Chancen – und ich bin schon 31 und habe vielleicht keine mehr, einen solchen Titel zu gewinnen.«

Um den Sieger noch besser zu verstehen, muß man nicht nach vorne, sondern zurückblicken. Plaatjes war Südafrikaner, ein Farbiger. Schon vor zwölf Jahren rannte er Spitzenzeiten, aber er durfte sie nirgendwo beweisen. 1988 zog er mit seiner Familie aus seiner kleinen Heimatstadt in der Nähe von Johannesburg weg nach Amerika. »Nicht des Laufens und nicht des Geldes wegen«, sagte er, sondern »weil ich nicht länger ein Mensch zweiter Klasse sein wollte«.

In der neuen Heimat mußte er noch einmal fünf Jahre warten, bis er sich für eine große internationale Meisterschaft qualifizieren konnte. Erst einen Monat vor den Titelkämpfen in Stuttgart erhielt er die amerikanische Staatsbürgerschaft – und dann brachte er seinen neuen Landsleuten den Weltmeistertitel im Marathon mit nach Hause. Plaatjes: »Ich bin Amerikaner, und dieser Titel gehört Amerika.«

Vor der traurig-schönen Geschichte des Gewinners trat der strahlende Dritte fast ein wenig zu sehr in den Hintergrund. Der Holländer Bert van Vlaanderen war freilich auch ohne den Platz im Mittelpunkt der glücklichste Mensch. »Nie und nimmer« habe er an eine Medaille gedacht. »Aber dann lief alles nach Plan, und plötzlich fiel von denen, die weggelaufen waren, einer nach dem anderen zurück.«

Viel Wirbel um Dobler und Stenzel

Wer einen Marathon beendet, ist ein Sieger. Wer ihn als Sechster beendet, ist ein großer Sieger: So fühlte sich Konrad Dobler auch – und als er sah, wie Kurt Stenzel die Gerade als Zwölfter herunterstürzte, lief er ihm mit offenen Armen entgegen, um beider Glück zu teilen. »Bei dem Tempo! Das konnte nicht gutgehen«, sagte Kurt Stenzel (31) und hätte ge-

wiß den Kopf geschüttelt – so er gekonnt hätte. Doch beim Frontalzusammenstoß der beiden deutschen Marathonmänner hatte Dobler (Germering) vor lauter Freude so fest zugegriffen, daß er dem Lauf-Kumpel einen Halswirbel ausrenkte. Abends saßen die beiden im aktuellen Sportstudio. Stenzel amüsierte sich bestens: »Der Konrad war immer noch wie im Rausch. Ich bin überhaupt nicht zu Wort gekommen...«

Männer: Gehen

Hartwig Gauder: Ein Großer geht

Sie trainieren hart und kämpfen schwer um Anerkennung im leichtathletischen Zirkus der Sensationen. Und doch gehen sie buchstäblich meistens an der Aufmerksamkeit der Sportfans vorbei. Um so mehr freuten sich die Geher in Stuttgart über die große Kulisse.

Pfiffe ernteten die Kampfrichter, die auf der letzten Runde die unterwegs ins Laufen geratenen disqualifizieren mußten. Über 20 Kilometer belegte der Offenburger Robert Ihly einen guten siebten Platz. Der 30jährige: »Es ist immer wieder ein neues Lotteriespiel.«

Über 50 Kilometer zog der Berliner Axel Noack so gesehen das große Los.

3:43,50 Stunden reichten zwar nicht zu einer Medaille, aber doch zu einem phantastischen vierten Platz. Noack verbesserte damit seine persönliche Bestzeit um über zwölf Minuten und meinte anschließend: »Wahnsinn. Zum Schluß war ich völlig fertig.«

Ein Großer seiner Disziplin nahm nach 20 Jahren Spitzensport Abschied in Stuttgart: Hartwig Gauder, wenige Wochen vor der WM bei den Deutschen Meisterschaften mit dem Rudolf-Harbig-Gedächtnispreis ausgezeichnet, war Olympiasieger 1980, Weltmeister 1987, Europameister 1986 und hat zudem eine stattliche Medaillensammlung in Silber und Bronze. Der im württembergischen Vaihingen geborene Erfurter stieg über 50 km vorzeitig aus – verabschiedete sich jedoch mit Humor und der Distanz eines Mannes, der sich nichts mehr beweisen muß: »Ich war so platt. Ich wäre wahrscheinlich erst abends im Stadion angekommen.« Sein Ausstieg war aber nicht der Anlaß für den Rücktritt. Gauder (39): »Einmal muß Schluß sein.«

20 km Gehen Männer

Finale am 15. 8. 1993

1. Valentin Massana (Spanien) 1:22:31
2. Giovanni de Benedictis (Italien) 1:23:06
3. Daniel Plaza (Spanien) 1:23:18

50 km Gehen Männer

Finale am 21. 8. 1993

1. Jesus Angel Garcia (Spanien) 3:41:41
2. Valentin Kononen (Finnland) 3:42:02
3. Waleri Spitzyn (Rußland) 3:42:50

Nomen est Omen: Der Spanier Jesus Angel Garcia weiß, wem er als erstes für seinen Weltmeistertitel zu danken hat.

BENZ

36

STUTTGART
1993

BENZ 38 ®

STUTTGART
1993

»Besser ging's nach dieser total verkorksten Saison wirklich nicht«: Florian Schwarthoff (Heppenheim) wurde Fünfter über 110 m Hürden.

Goldenes Beweisstück: Colin Jackson

Colin Jackson (Großbritannien), geboren am 18. Februar 1967. Maße: 1,82 m, 73 kg. Größte Erfolge: 1988 Olympia-Silber, 1987 WM-Dritter, 1990 Europameister. Champion-Spruch: »Ohne Titel kannst du nicht beweisen, daß du der Beste bist.«

Männer: 110 m Hürden

Colin Jackson: Endlich am Ziel

Wenn die brillante Technik ihm dabei hätte helfen können, alle Hindernisse in seiner Karriere so fließend zu nehmen wie jene auf der Laufbahn, dann hätte er nicht so lange auf diesen wunderbaren Augenblick warten müssen: Colin Jackson flog über die Hürden und knipste mit einem Seitenblick auf die Uhr sofort danach ein Leuchtfeuer in seinen Augen an. Karibische Seelen verlieren eben ihr Temperament auch dann nicht, wenn sie im kühlen nordischen Wales auf die Welt gekommen sind. 12,91 Sekunden hielt der Zeitmesser fest: Weltrekord über 110 Meter Hürden und Gold für Colin Jackson. Endlich am Ziel. Wie oft hatte er vorhergesagt: »Ich will einer der besten Hürdensprinter aller Zeiten sein, aber ohne einen Titel kann ich das nicht werden.«

Seit acht Jahren rennt der 26jährige Brite dem goldenen Beweis hinterher, den er durch kontinuierliche Weltklassezeiten im Prinzip längst erbracht hat. Aber immer, wenn die großen Titelkämpfe nahten, kippten ihn Verletzungen aus dem Favoritenkreis. 1986 bei den Europameisterschaften fehlte er – verletzt. 1987 bei den Weltmeisterschaften wurde er Dritter, 1988 in Seoul gewann er olympisches Silber. Aber Gold? 1990 wurde er Europameister – aber das reicht einem, der der Weltbeste sein will, nicht. Nach Split wurde erst das rechte und ein Jahr später das linke Knie operiert. Dazwischen 1991 bei der WM in Tokio – Aufgabe wg. Verletzung. Bei den Olympischen Spielen in Barcelona trat er mit einer angeknacksten Rippe an: Platz neun. Es war zum Verzweifeln – aber Jackson beschwor das Glück: »Wenn man soviel Pech hatte, muß es einfach irgendwann einmal klappen.« Die Gesundheit sei das Wichtigste. Jackson: »Man balanciert immer auf der Kippe.«

Es gab niemanden, der ihm diesen Erfolg nicht gegönnt hätte. Als Colin Jackson vor den Journalisten launig und überdreht sein Rennen kommentierte, saß ganz weit hinten im Zelt der Sprint-König Linford Chri-

stie, mit dem er im Athletendorf sein Zimmer teilte und der einer der ersten Gratulanten war. Der Kanadier Mark McKoy startete bei der WM nicht, hinterließ aber eine Prognose, die sich bewahrheitete: »Colin kann man nur schlagen, wenn er sich selber schlägt.« Die beiden Deutschen mußten es fast schon als Ehre ansehen, in solch einmaligem Lauf überhaupt dabeizusein. Florian Schwarthoff (Heppenheim) wurde in 13,27 Sekunden Fünfter und schwärmte: »Besser ging's nach dieser total verkorksten Saison wirklich nicht. Ein Super-Rennen. Außer den Momenten mit meiner Freundin waren das die schönsten fünf Minuten meines Lebens.« Dietmar Koszewski (Berlin) meinte dagegen: »Ich habe zweimal die Hürden umgetreten und wäre fast stehengeblieben.« Aber was zählt: »Ich bin am Ende nicht Letzter geworden.«

110 m Hürden Männer

Finale am 20. 8. 1993

1. Colin Jackson (GB) 12,91 (WR)
2. Tony Jarrett (Großbritannien) 13,00
3. Jack Pierce (USA) 13,06

WR = Weltrekord

Männer: 400 m Hürden

So Young: Kevins Ein-Mann-Show

Er hat so lange Beine, daß die Hürden unter ihm wegzutauchen scheinen – und er weiß, daß in jedem Schritt, der ihn vorwärtsbringt, die Kraft eines Turboladers steckt. Kevin Young überquerte die Ziellinie mit einem Freudensatz; der rechte Arm fuhr pfeilgerade in den Abendhimmel. Der neue Weltmeister über 400 Meter Hürden ließ in 47,18 Sekunden dem Titelverteidiger Samuel Matete aus Sambia ebensowenig eine Chance wie dem Dritten Winthrop Graham aus Jamaika.

Auch wenn die Geschichte sich nicht wiederholen läßt – die Geste glich dem Moment, in dem er ein Jahr zuvor Geschichte geschrieben hatte: Wie in Stuttgart triumphierte der Amerikaner zuvor schon in Barcelona, als er Olympiasieger wurde, Edwin Moses' Weltrekord unterbot und als erster Hürdenläufer der Welt unter 47 Sekunden blieb. Damals ahnte er schon, worin das Problem für die Zukunft liegen würde: »Es ist hart, denn das ist erst der Anfang.«

Wohl dem, der aus unwiderstehlichen Siegen auch unvergleichliche Shows machen kann: Der Kalifornier dirigierte im Stuttgarter Gottlieb-Daimler-Stadion die Zuschauer, als wären sie das Begleitorchester seines Solo-Auftritts.

Offenbar schaut sich der Sonnyboy gelegentlich Skirennen an: Dort schnallen die Rennläufer bekanntlich im Ziel sofort die Ski ab, um sie sehr zur Freude der Ausrüster telegen in die Kameras zu halten. Kevin kann das auch: Er schlüpfte aus den Laufschuhen, band sie sich um den Hals und stellte sich strahlend den Fotografen. Grinsend bekannte er später seinen guten Geschäftssinn.

Young: »Vielleicht läßt sich ein Werbespot daraus machen.«

Der 25jährige Dortmunder Olaf Hense, als Weltranglisten-Sechster nach Stuttgart gekommen, konnte sein Potential nicht umsetzen: Endstation Halbfinale als Siebter in 50,05 Sekunden.

400 m Hürden Männer

Finale am 19. 8. 1993

1. Kevin Young (USA) 47,18
2. Samuel Matete (Sambia) 47,60
3. Winthrop Graham (Jamaika) 47,62

Hauptsache gewonnen

Natürlich erzählt sie sich wunderbar: die Geschichte von den kleinen Buben, die barfuß über Stock und Stein, durch Sümpfe und Steppe zur Schule oder sonstwohin rennen – das Laufen im Blut und im Herzen. Und natürlich denkt man daran, wenn die großen Jungs aus Kenia dann in den Stadien über Hindernisse und Wassergrä-

ben springen: 3000 Meter Hindernis, Finale. Der natürliche Instinkt mag das eine Erfolgsgeheimnis sein, aber die gerissenen taktischen Tempospiele, die undurchdringliche Teamarbeit und das immense Selbstbewußtsein spielen ebenfalls eine Rolle. Der Brite Tom Hanlon hatte mit einer Flucht nach vorne versucht, dem kenianischen Wunder zu entkommen. Das mußte schiefgehen – er wurde Letzter. Der Marokkaner Larbi Khattabi klemmte sich eine Zeitlang an die Fersen der Favoriten – sie hängten ihn ab. Schließlich konnte nur einer in die Phalanx einbrechen – aber nur, weil Olympiasieger Matthew Birir angeschlagen an den Start gegangen war und froh über Platz vier sein mußte: Der Italiener Alessandro Lambruschini gewann in 8:08,78 Minuten nach zwei undankbaren vierten Plätzen bei Olympischen Spielen seine erste Bronzemedaille.

Moses Kiptanui (Kenia) verteidigte seinen Weltmeistertitel von 1991 in 8:06,36 Minuten vor seinem Landsmann Patrick Sang (8:07,53) und feierte damit ein eindrucksvolles Comeback, nachdem er wegen einer Knieverletzung auf die Olympischen Spiele in Barcelona hatte verzichten müssen.

Patrick Sang, in Barcelona hinter Birir Silbermedaillengewinner, konnte seinen Landsmann nicht mehr einholen: »Bis zum letzten Wassergraben glaubte ich das noch. Dann nicht mehr.« Kiptanui strahlte und ließ die staunenden Zuhörer wissen, daß er schneller hätte laufen und den Weltrekord brechen können. »Aber ich wollte es nicht riskieren. Wir wollten Gold und Silber, weil Birir verletzt war.« Gemeinsam sind sie stark. Und wenn einer mal Schwächen zeigt, macht es die anderen noch stärker.

Steffen Brand hielt sich sehr gut. Der Wattenscheider wurde in 8:15,33 Minuten Fünfter und meinte:

»In der Anfangsphase des Rennens ist es bei mir gar nicht so gut gelaufen. Ich habe aber dann noch einmal – nicht zuletzt dank der Zuschauer – den zweiten Wind bekommen und bin letztlich sogar noch persönliche Bestzeit gelaufen.«

3000 m Hindernis Männer

Finale am 21. 8. 1993

1. Moses Kiptanui (Kenia) 8:06,36
2. Patrick Sang (Kenia) 8:07,53
3. Alessandro Lambruschini (Italien) 8:08,78

»Das Rennen hat Spaß gemacht« (Kevin Young).

Männer: Sprungdisziplinen

**Stern-Stunde:
Javier Sotomayor**

Javier Sotomayor (Kuba),
geboren am 13. Oktober
1967. Maße: 1,95 m,
82 kg. Größte Erfolge:
1992 Olympiasieger, 1991
Vize-Weltmeister.
Champion-Spruch:
»Hochsprung ist nicht al-
les. Ich bin noch jung, ich
will auch leben.«

Männer: Hochsprung

Sotomayor – wer sonst?

Javier Sotomayor, Artur Partyka und Steve Smith waren auf dem Weg zur Siegerehrung, während Ralf Sonn durch den Tunnel das Stadion verließ. Er schaute sich nicht um, aber er hörte die Fanfare, die das Erfolgstrio zum Treppchen begleitete, als er sagte: »Das nervt. Ich hatte die Medaille schon in der Hand und habe sie wieder weggegeben.« Es dauerte eine Weile, bis der Weinheimer sich mit dem vierten Platz anfreunden konnte.

Gründe dafür gab es durchaus: Trotz Kniebeschwerden steigerte er seine Bestleistung im Freien auf 2,34 Meter, führte bis zu dieser Höhe zusammen mit dem Weltrekordler Javier Sotomayor das Klassement ohne Fehlversuch an. Über 2,37 Meter streifte er dann die Latte mit den Waden noch herunter. Sonn: »Es war so knapp.« Als danach Partyka, Smith und Sotomayor nacheinander die neue Höhe meisterten, gab es für den 26jährigen Medizinstudenten nur noch eine Chance, den Rückschlag zu kurieren: Für eine Medaille

mußte er die übrigen zwei Versuche auf 2,40 Meter steigern. – Es sollte nicht sein.

Die 2,40 Meter meisterte nur einer: Javier Sotomayor holte sich mit vier Sprüngen bei einem Fehlversuch über 2,40 Meter im zweiten Anlauf über diese Höhe den Titel. Zufrieden zog er nach zwei vergeblichen Anläufen über die neue Weltrekordhöhe von 2,46 Meter die Schuhe aus, verzichtete auf den dritten. »Ich konnte mich nicht mehr konzentrieren.« Worauf auch: Der Rekord gehört ihm ohnehin, aber der Weltmeistertitel hatte noch gefehlt. Den Mercedes, den es dazu gratis gab, nahm er mit. Die Mannschaftsleitung hatte extra bei Fidel Castro nachfragen lassen, ob sie die Meisterprämie im Erfolgsfall annehmen dürfe. Der Staatschef gab grünes Licht, und »Soto« grinste: »Ich freue mich auf die erste Spritztour daheim.« Was er nicht sagte: Erst muß er noch den Führerschein machen, denn bislang fuhr der Star im Bus zum Training.

Bevor Havanna seinen Vorzeige-Sportler mit einer großen Fiesta begrüßen konnte, wurde erst einmal in der »Krone« im

Hochsprung Männer

Finale am 22. 8. 1993

1. Javier Sotomayor (Kuba) 2,40
2. Artur Partyka (Polen) 2,37
3. Steve Smith (Großbritannien) 2,37

schwäbischen Eberstadt die Heimkehr des Weltmeisters gefeiert. »Soto« hat bei den Wirtsleuten dort Familienanschluß – und Meeting-Organisator Peter Schramm verwöhnt ihn auch wie einen eigenen Sohn. So etwas bleibt nicht ohne kulturelle Folgen. Sotomayor: »Zu Meeresfrüchten trinken wir zu Hause in Havanna Eberstadter Wein...«

Sergej Bubka: Der Zirkus und sein größter Artist

Es ist ein Zirkus, und wir sind die Artisten. Man muß die Leichtathletik spektakulär darbieten, damit es den Zuschauern bei uns gefällt.«   *(Sergej Bubka)*

Sergej Bubka hat seine Hauptrolle sehr gut gespielt. Nur die Besetzung in den Nebenrollen zeigte Schwächen, was den Unterhaltungswert freilich eher steigerte. Eines vorweg, denn der Leistung gebührt aller Respekt: Der 29jährige Ukrainer wurde mit 6,00 Metern Weltmeister im Stabhochsprung und schaffte damit Einmaliges: Als einziger Athlet konnte Bubka sich bei allen vier bisher ausgetragenen Weltmeisterschaften in ein und derselben Disziplin als Titelgewinner feiern lassen.

Die bekanntermaßen ökonomische Art und Weise des Wahl-Berliners war zunächst noch nicht dazu geeignet, die Aufmerksamkeit der 52 700 Zuschauer von den Auftritten der Zehnkampfhelden abzulenken. Das Barcelona-Syndrom (dort hatte er die Anfangshöhe gerissen und war ausgeschieden) blieb aus: 5,70 Meter, 5,90 und 6,00 Meter im ersten Versuch. Dann war er Weltmeister.

Das Vorspiel war zu Ende. Nun begann des Schauspiels zweiter Akt: Der Höhenflieger ließ die Latte auf die neue Weltrekord-Höhe von 6,14 Metern hochfahren und machte sich als Solist im Spektakel an die Vorbereitung. Die Uhr lief, und die Kampfrichter, die jetzt ins Geschehen eingriffen, achteten peinlich genau auf die

Überflieger: Sergej Bubka

Sergej Bubka (Ukraine), geboren am 4. Dezember 1963. Maße: 1,83 m, 80 kg. Größte Erfolge: Olympiasieg 1988, Weltmeister 1983, 1987, 1991. Bis zur WM 1992: 16 Weltrekorde Zentimeter für Zentimeter. Champion-Spruch: »Ich springe für die Zuschauer, nicht für mich...«

Goldgräber: Mike Powell

Mike Powell (USA), geboren am 10. November 1963. Maße: 1,88 m, 77 kg. Größte Erfolge: 1992 und 1988 Olympia-Silber, 1991 Weltmeister (mit Weltrekord 8,95 m). Champion-Spruch: »Dies ist meine Zeit, die Nummer eins zu sein. Aber die anderen werden näherrücken.«

Weitenjäger: Mike Conley

Mike Conley (USA), geboren am 5. Oktober 1962. Maße: 1,88 m, 77 kg. Größte Erfolge: 1992 Olympiasieger, 1984 Olympia-Silber, 1991 WM-Dritter, 1987 WM-Zweiter. Champion-Spruch: »Nun muß ich nur noch die Farbe des Autos aussuchen«. (Alle Weltmeister bekamen einen Mercedes als Siegprämie)

Diese Seite: Das Duell mit Carl Lewis blieb diesmal aus. Mike Powell sicherte sich mit 8,59 Meter den Weltmeistertitel.

Rechte Seite: Der Wattenscheider Ralf Jaros zeigte in Stuttgart eine Weltklasse-Leistung im Dreisprung.

verstreichenden Sekunden. Was sie offenbar nicht wußten: Das Regelwerk sieht für Athleten, die noch allein im Wettbewerb sind, sechs Minuten Vorbereitungszeit pro Sprung vor. Nach zwei Minuten kappten die strengen Aufpasser den Versuch und erklärten ihn für ungültig.

So nicht: Bubka platzte schier vor Wut, diskutierte, gestikulierte und erstritt schließlich mit Unterstützung der zornigen Pfiffe von den Tribünen sein Recht. Nochmal drei Versuche, nochmal drei Möglichkeiten, den ersten Weltrekord dieses Jahres aufzustellen.

Der erste ging unten durch, und die Latte blieb oben; beim zweiten nahm er sie aus luftiger Höhe mit auf die Matte – im dritten katapultierte sich der Überflieger präzise nach oben und streifte die Latte schließlich mit dem Oberkörper herunter, als er schon jenseits im freien Fall war. »Knapp gescheitert«, notierten die Beobachter. Jene von der ganz sarkastischen Art wagten schmunzelnd die Vermutung, die wahre Kunst bei diesem Sprung habe darin bestanden, einen echten Weltrekordversuch zu mimen und ihn dennoch nicht zu realisieren. Diesen Ruf hat sich Bubka selbst zuzuschreiben, denn der Geschäftsmann ist bekannt dafür, sich seine Zentimeter-Weltrekorde gut bezahlen zu lassen. Der dritte Akt: Bubka verließ die Arena auf Hochtouren, sprach von einer »Katastrophe«, vom »Skandal« und bekannte erhitzt, daß er sich in Stuttgart »den Traum erfüllen wollte, bei einer großen Meisterschaft Weltrekord zu springen«. Doch dies sei kein Wettkampf der Sportler gewesen, sondern »ein Kampf zwischen Sportler und Kampfrichter«.

Das Schauspiel Stabhochsprung war zu Ende. Vize-Weltmeister Grigori Jegorow (Kasachstan/5,90 m) und die beiden Bronze-Gewinner Tarasov und Trandenkow (Rußland/5,80 m) hatten ihre Statistenrolle würdig gespielt. Bubka war ein starker Gewinner und ein eindrucksvoller Verlierer in eigener Sache. Und wenn alles nur Theater war? Dann war Sergej Bubka auch in dieser Rolle ein wirklicher Star.

Stabhochsprung

Finale am 19. 8. 1993

1. Sergej Bubka (Ukraine) 6,00
2. Grigori Jegorow (Kasachstan) 5,90
3. Maksim Tarasov (Rußland) 5,80
   Igor Trandenkow (Rußland) 5,80

Power-Powell war ohne Konkurrenz

Mike Powell beherrscht die Show in der Weitsprung-Grube zur Not auch mal solo. Aber zum ganz großen Hit wurde der Auftritt des sonnigen Boys aus Kalifornien diesmal nicht. Das lag am fehlenden Herausforderer und daran, daß die Experten immer noch die Bilder aus Tokio im Hinterkopf haben: als sich Powell und Carl Lewis miteinander auf die Jagd nach Bob Beamons legendärem Weltrekord machten, beide ihn übertrafen und doch nur einer als Sieger eines unnachahmlichen Wettstreits hervorgehen konnte. Elf Zentimeter trennten die beiden Superstars damals am Ende voneinander: Powell erreichte 8,95 Meter, Lewis 8,84. Ein Ergebnis wie ein Versprechen: Die Revanche folgte in Barcelona. Lewis wurde Olympiasieger, Powell holte Silber. In Stuttgart fand das Duell nicht statt. Wenigstens servierte der 30jährige dem Publikum einen 8,59-Sieg-Sprung. Als billiger Jakob sollte der Titel nun doch nicht weggehen. Er hätte es sich einfacher machen können: Silber gab's schon für 43 Zentimeter weniger...

Weitsprung Männer

Finale am 20. 8. 1993

1. Mike Powell (USA) 8,59
2. Stanislaw Tarasenko (Rußland) 8,16
3. Witali Kirilenko (Ukraine) 8,15

Drei-Satz-Sieg für Conley

Typen sind das! Mike Conley zum Beispiel: Der Amerikaner züchtet daheim in Fayetteville im US-Bundesstaat Arkansas Straußenvögel und bildet Rottweiler zu Polizeihunden aus. Daß seine beiden Söhne Michael und Jordan heißen, ist eine Referenz an seine heimliche Liebe, auf die seine Frau Rene wirklich nicht eifersüchtig sein muß: Michael Jordan?

Natürlich: Basketball. Daß kein Korb-, sondern ein Weitenjäger aus ihm geworden ist, hängt möglicherweise mit seiner Körpergröße zusammen. 188 Zentimeter sind einfach ein bißchen klein für die langen Basketballer der amerikanischen Profi-Liga.

Nun hat es dieser Mike Conley trotzdem buchstäblich ziemlich weit gebracht. In Stuttgart blieb der Dreisprung-Olympiasieger einen winzigen Zentimeter hinter seiner persönlichen Bestleistung. Aber 17,86 Meter bescherten im dritten Anlauf endlich einen Weltmeistertitel.

Typen sind das! Der Wattenscheider Ralf Jaros zum Beispiel:

Mit dem markanten Gesichtsschnitt eines Teutonenfürsten und dem zum Lagerfeld-Schwänzchen gebundenen schütteren Haupthaar, das oft eine schwarze Leder-Kappe schmückt, ist er ohnehin eine einprägsame Erscheinung. In Stuttgart ist er, was ihm garantiert lieber ist, vor allem durch eine Weltklasse-Leistung aufgefallen: Mit 17,34 Metern lag der 27jährige Wattenscheider lange auf Medaillenkurs, dann schnappte ihm der Brite Jonathan Edwards doch noch mit 17,44 Metern die Bronzemedaille weg.

Jaros ist kein Mensch, der Entgangenem lange nachgrübelt: »Ich bin zufrieden. Mit dieser Weite gehöre ich zur Weltklasse.«

Dreisprung Männer

Finale am 16. 8. 1993

1. Mike Conley (USA) 17,86
2. Leonid Woloschin (Rußland) 17,65
3. Jonathan Edwards (Großbritannien) 17,44

Riedel und Schult: Gold, Bronze und eine flotte Nacht

Seite 54/55
An ihm kam keiner vorbei: Lars Riedel, Goldmedaillengewinner im Diskuswerfen.

Diese Seite: Daß Riedel die Ehrenrunde zusammen mit seinem Freund und Bronzemedaillensieger Jürgen Schult antreten konnte, ist eine ganz andere Geschichte...

Champagner-Frühstück? Theo Rous, Vizepräsident des Deutschen Leichtathletik-Verbandes, stellte eine Magnum-Flasche auf den Tisch und sagte: »Ich hoffe, die reicht für die Dauer der Pressekonferenz.« Au weia, da wandte sich der blonde Adonis mit Grausen und orderte: »Aspirin, bitte.« Wie spät es war, wußten sie nicht mehr. »Fünf vielleicht. Früh auf jeden Fall.« Und wo sie waren, wußten sie so genau auch nicht mehr. »In den Clubs, im Dorf, überall.« Gottseidank wußten die beiden wenigstens noch, wer sie waren: Der eine, Lars Riedel, Weltmeister. Der andere, Jürgen Schult, Bronzemedaillengewinner.

Letzterer hätte am Morgen danach freilich nicht einmal dies beweisen können. Jedenfalls nicht anhand des Edelmetalls, da ihm des Nachts auf der Party-Tournee das wertvolle Stück abhanden gekommen war. Im Athletendorf wurden Suchtrupps zusammengestellt: nichts. Die Aufregung war groß, die Fahndung vergeblich. Erst als er daheim vor der Haustür in der Sporttasche nach dem Schlüssel kramte, hatte er plötzlich das gute Teil in der Hand. Das Glück des Tüchtigen...

Wer ordentlich was leistet, darf auch ordentlich feiern. Beides ist den beiden deutschen Diskuswerfern aufs trefflichste gelungen. Mittlerweile wird die Erinnerung an den Wettkampf auch in ihren verkaterten Köpfen wieder Konturen bekommen haben. Zur Erinnerung: Lars Riedel, 1991 in Tokio schon überraschend Weltmeister geworden, mußte sich und den Fans gleich zweierlei beweisen. Erstens, daß er die Führungsposition im Diskusring auch bei einem großen internationalen Wettbewerb halten kann. Zweitens, daß die Aussetzer von Split und Barcelona bewältigt wurden. Bei Olympia galt der Mainzer als Medaillenkandidat, aber dann verabschiedete er sich – wie ein Jahr zuvor bei den Europameisterschaften – schon in der Qualifika-

tion; was ihm prompt den Ruf einbrachte, hinter dem stattlichen Kerl verberge sich eine sensible Seele, die auf Erwartungsdruck mit Nervenflattern reagiere.

Und was passierte? Dem 26jährigen Titelverteidiger rutschte im ersten Versuch die Scheibe aus der Hand und schlug bei 56,24 Metern in den Rasen ein. Die beiden Deutschen hatten per Videotafel die Zuschauer darum gebeten, während sie Schwung holen nicht rhythmisch zu klatschen. Das führte prompt zu einer massiven Auseinandersetzung auf den Rängen: Die einen, die es gelesen hatten und respektvoll stillhielten, reagierten auf jene, die es aufgrund ihrer Sitzposition gar nicht lesen konnten und deswegen fröhlich drauflosklatschten, mit ärgerlichem Pfeifkonzert. Riedel: »Die haben es ja alle gut gemeint, aber das Durcheinander war noch viel größer.« Ein wenig irritiert sei er schon gewesen, sagte er später, aber dann habe er sich seiner Qualitäten besonnen. Riedel, der die Weltrangliste des Jahres mit 68,42 Metern anführte: »Ich hab mir gedacht: Jetzt hast du die ganze Saison über so gut geworfen, das schaffst du jetzt auch noch.«

Und ob: Im zweiten Versuch segelte das Handgerät auf 67,23 Meter hinaus, Riedel tanzte aus dem Ring und spürte, daß dies ein goldener Wurf war. Der Mainzer: »Das war die Weite, die ich mir erträumt hatte, danach war die Spannung ein wenig raus.« Das machte aber nichts: Es kam keiner an ihm vorbei. Die Belastung sei vor zwei Jahren in Tokio viel größer gewesen, erzählte er hinterher zum Erstaunen der Zuhörer, obwohl »von mir hier bei der WM im eigenen Land schon viel erwartet wurde«.

Daß Riedel die Ehrenrunde nicht allein, sondern zusammen mit seinem Freund Jür-

Goldrausch: Lars Riedel

Lars Riedel (Mainz), geboren am 28. Juni 1967 in Zwickau. Maße: 1,99 m, 110 kg. Größte Erfolge: 1991 Weltmeister, 1993 Europacup-Sieger. Champion-Spruch: »Wir sind erst schlafen gegangen, als die Flaschen leer und die Köpfe etwas voll waren.«

gen Schult antreten konnte, ist eine ganz andere Geschichte von Erwartungen und Wirklichkeit. Der 33jährige Routinier, 1987 Weltmeister, 1988 Olympiasieger, 1990 Europameister und 1992 Silbermedaillengewinner in Barcelona hatte eine »Schrottsaison« hinter sich, wie er selbst salopp feststellte. Entsprechend weit hinten tauchte der Schweriner in den Favoritenlisten auf. Und entsprechend spornte ihn das wiederum an. Schult: »Ich wollte unbedingt zeigen, was ich kann.«

Noch vor dem Wettbewerb hätte er in Anbetracht der Lage bedenkenlos zugegriffen, wenn ihm einer versprochen hätte, daß er Bronze gewinnen würde. Danach konnte er die Enttäuschung nicht verbergen. Dazwischen lag sein Wurf über 66,12 Meter. Der hatte bis zum letzten Durchgang Silber bedeutet. Aber dann kam noch der russische Meister Dimitri Shevchenko mit einer Weite von 66,90 Meter dazwischen. So was wurmt einen halt. Schult: »Na ja, im ersten Moment schon.«

Es dauerte dann aber nicht lange, bis die Feststellung gereift war, daß »Gold und Bronze eine Feier lohnt«. Grinsend meinte Schult: »Alter schützt nicht vor Erfolg.« Gemeinsam zogen die beiden los. Riedel und Schult trainieren oft zusammen, ver-

bringen gemeinsame Trainingslager in Faro (Portugal), teilten im Athletendorf bei der Weltmeisterschaft das Zimmer und helfen sich im Wettbewerb mit gegenseitigen Tips weiter. Schult: »So stelle ich mir eine echte Sportkameradschaft vor.«

P.S. Der Vollständigkeit halber sei erwähnt, daß zwei der bedeutendsten Konkurrenten der beiden Deutschen vor und während der Weltmeisterschaften des Dopings überführt worden sind. Der holländische Vize-Weltmeister Eric de Bruin durfte zur Qualifikation nicht mehr antreten, weil eine Probe beim Sportfest am 1. August in Köln überhöhte Testosteron-Werte ergeben hatte. Olympiasieger Romas Ubartas (Litauen) wurde als WM-Vierter (65,24 m) noch vor der Schlußfeier in Stuttgart aus den Ergebnislisten gestrichen. Das anabole Steroid Baldenon war bei ihm nachgewiesen worden. Folge: Vier Jahre Sperre.

»Das war die Weite, die ich mir erträumt hatte.«

Diskuswerfen Männer

Finale am 17. 8. 1993

1. Lars Riedel (Mainz) 67,72
2. Dimitri Shevchenko
   (Rußland) 66,90
3. Jürgen Schult (Schwerin) 66,12

Der Mann mit dem Hammer: Andrej Abduvalijev

Andrej Abduvalijev, Tadschikistan, geboren am 30. Juni 1966. Die Maße: 1,86 m, 112 kg. Größte Erfolge: Olympiasieg in Barcelona 1992. Champion-Spruch: »Mein Trainer Anatoli Bondartschuk, der jetzt in Portugal arbeitet, rief an und sagte: Du weißt, was du zu tun hast…«

Olympia-Revanche: Werner Günthör

Werner Günthör (Schweiz), geboren am 11. Juli 1961. Maße: 2,00 m, 130 kg. Größte Erfolge: 1988 Olympia-Bronze, 1991 und 1987 Weltmeister. Champion-Spruch: »Tolles Publikum. Ich habe mich wie zu Hause gefühlt.«

Speerspitze: Jan Zelezny

Jan Zelezny (Tschechische Republik), geboren am 16. Juni 1966 in Mlada Boleslav. Maße: 1,86 m, 77 kg. Größte Erfolge: 1992 Olympiasieger, 1988 Olympia-Silber, 1987 WM-Dritter. Champion-Spruch: »Der WM-Titel fehlte noch in der Sammlung.«

Der Russe Sergej Litvinov: Die Muskelmänner mit dem Hammer spüren die Blicke der skeptischen Dopingfahnder am meisten.

Männer: Hammerwerfen

Starke Männer im Abseits

So recht passen sie nicht mehr in die neue Zeit der Leichtathletik: Die Muskelmänner mit dem Hammer spüren die skeptischen Blicke der Dopingfahnder am meisten. Jene, die in Stuttgart die Medaillen gewonnen haben, werden trotz allem in ihrer Heimat gefeiert werden. Zwei alte Bekannte aus der ehemaligen Sowjetunion dominierten für ihre neuen Heimatländer das Hammerwerfen: Olympiasieger Andrej Abduvalijev (29) aus Tadschikistan gewann mit 81,64 Metern vor dem olympischen Silbermedaillengewinner Igor Astapkovich (30) aus Weißrußland. In Barcelona noch Vierter, holte der Ungar Tibor Gecsek mit 79,54 Metern Bronze.

Hammerwerfen Männer

Finale am 15. 8. 1993

1. Andrej Abduvalijev (Tadschikistan) 81,64
2. Igor Astapkovich (Weißrußland) 79,88
3. Tibor Gecsek (Ungarn) 79,54

Männer: Kugelstoßen

Wo rohe Kräfte sinnvoll walten

Es soll noch einer behaupten, man könne rohe Kräfte nicht sinnvoll einsetzen: Wie Randy Barnes der Drei-Liter-Schampusflasche mal eben mit lässiger Handbewegung den Korken abdrehte, schindet bei denen, die schon mit Schraubverschlüssen von Sprudelflaschen ihre Probleme haben, mächtig Eindruck.
Nur kein Neid: Der Amerikaner und sein Teamkollege Mike Stulce hatten etwas zu feiern, obwohl der Titel im Kugelstoßen an den Schweizer Werner Günthör ging.
Silber für Barnes (21,80 m), Bronze für Olympiasieger Stulce (20,94 m): Beide haben bereits jeweils zwei Jahre lange Doping-Sperren hinter sich. Der Texaner

Kugelstoßen Männer

Finale am 21. 8. 1993

1. Werner Günthör (Schweiz) 21,97
2. Randy Barnes (USA) 21,80
3. Mike Stulce (USA) 20,94

Oben: Jan Zelezny, Sieger im Speerwerfen.
Unten: Sven Buder beim Kugelstoßen.

Stulce (24) wurde 1988 wegen zu großem Appetit nach Testosteron aus dem Verkehr gezogen, was ihn nicht daran hinderte, 1990 in alter Frische pfeilgerade in die Spitze zurückzukehren. Vor einem Jahr gewann er olympisches Gold, was dem Eidgenossen Werner Günthör, der als Vierter nach fast zwei Jahren ohne Niederlage ausgerechnet in Barcelona leer ausging, arg zu schaffen machte. Barnes konnte damals nicht so, wie er wollte: Seine Sperre nach positiver Doping-Analyse in Malmö 1990, lief erst im Herbst vergangenen Jahres aus. Seit Februar 1993 mischt der Silbermedaillengewinner von Seoul wieder munter mit. Günthör (32) mußte in Stuttgart schon Jahresweltbestleistung (21,97 Meter) stoßen, um seinen dritten Weltmeistertitel in Serie zu gewinnen.

Männer: Speerwerfen

Ein klarer Fall für Zelezny

Das Speerwerfen der Männer war ein klarer Fall für den Favoriten: Nur eine einzige Niederlage gegen den früheren finnischen Weltmeister Seppo Räty beim Wettbewerb um den »Goldenen Speer« in Lahti befleckte die sonst makellose Bilanz von Jan Zelezny (Tschechische Republik) auf dem Weg zu den Weltmeisterschaften. Im April stellte er einen neuen Weltrekord mit 95,54 Meter auf, in Stuttgart reichten 85,98 Meter, um seinen Speer zu vergolden. Damit lag er immer noch mehr als einen Meter vor dem finnischen Titelverteidiger Kimmo Kinnunen.
Dimitri Poljunin wurde wegen Doping disqualifiziert.

Speerwerfen Männer

Finale am 16. 8. 1993

1. Jan Zelezny (Tschechische Republik) 85,98
2. Kimmo Kinnunen (Finnland) 84,78
3. Mick Hill (Großbritannien) 82,96

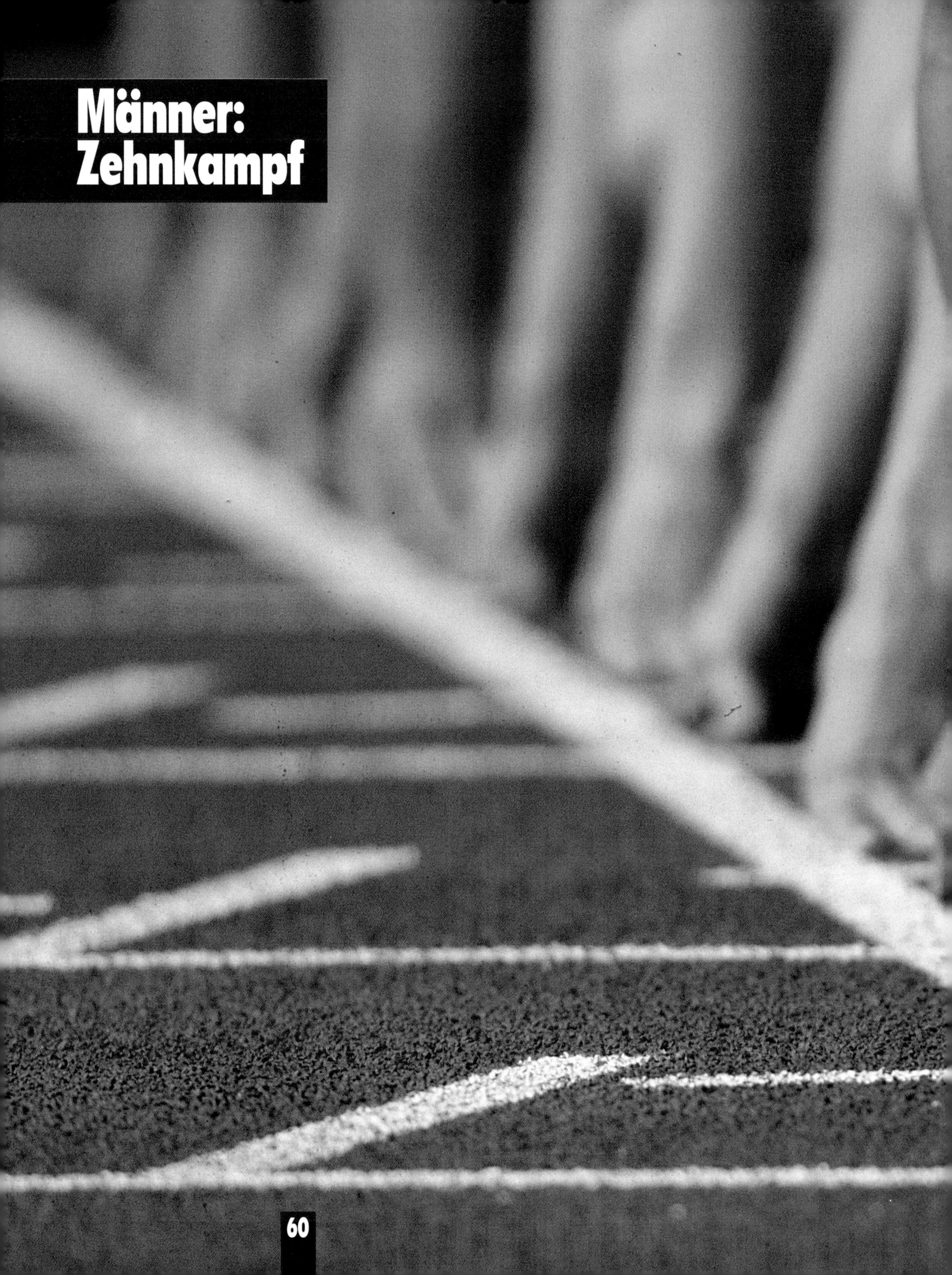
Männer:
Zehnkampf

Gipfelstürmer:
Dan O'Brien

Dan O'Brien (USA), geboren am 18. Juli 1966. Maße: 1,88 m, 82 kg. Größte Erfolge: 1991 Weltmeister.
Champion-Spruch: »Ich wünschte mir, wir hätten in den Staaten so ein Publikum.«

Zehnkampf

Die Seilschaft hinter O'Brien bringt Meier die Medaille

Mal sind sie Grubenarbeiter, mal Gipfelstürmer. Mal sind sie Bettelmänner, mal Könige. Aber am Ende sind sie alle Helden, und die Masken fallen von erschöpften, ausgelaugten Gesichtern. Der Zehnkampf entblößt die Rollenspiele Stück für Stück, und die Zuschauer spüren das Echte in dieser einmaligen Show. Als der Amerikaner Dan O'Brien mit 8817 Punkten wieder Weltmeister war und seinen Platz auf dem Thron verteidigt hatte, trugen die 52 500 Zuschauer im Stuttgarter Gottlieb-Daimler-Stadion förmlich die ganze Seilschaft ungeachtet der Einzelergebnisse auf einer begeisterten Welle der Sympathie noch eine Runde lang durch die Arena.

»Wie in Trance« erlebte der Leverkusener Paul Meier diese letzten Szenen – die die ersten waren, in denen er realisierte, daß er tatsächlich die ersehnte Medaille gewonnen hatte: Bronze mit einer neuen Bestleistung von 8548 Punkten hinter dem Weißrussen Eduard Hämäläinen (8724).

Christian Schenk wurde Vierter. Aber was heißt das schon? Der Mainzer hatte mehr Punkte gesammelt als bei seinem Olympiasieg 1988 in Seoul und mit 8500 Punkten ebenfalls eine neue persönliche Bestmarke gesetzt. Einen kleinen Rest an Ärger verdrängte er schnell, aber es gehört zur Wahrheitsfindung, daß er natürlich zuerst den vergebenen Chancen nachtrauerte, die ihn die Medaille gekostet haben.

Zehn Disziplinen – zehn Kapitel, deren Inhalt unberechenbar zwischen Lustspiel und Tragödie pendelt. Die Hauptdarsteller: Dan O'Brien, 27 Jahre alt, Weltrekordhalter mit 8891 Punkten, Weltmeister in Tokio. Die Achterbahn seiner Karriere zeigt, was Zehnkampf in einer einzelnen Person auslöst: 1991 Weltmeister, 1992 nicht für die Olympischen Spiele qualifiziert, im Herbst desselben Jahres der Weltrekord, schließlich die Ausscheidung für die Titelkämpfe in Stuttgart. Schlechte Nachrichten aus Amerika: O'Brien, hieß es, leide an einer Prostataentzündung, wollte aufgeben und wurde von seinem Trainer Mike Keller wieder soweit aufgemöbelt, daß er durchhielt. »Wie«, sagte O'Brien später, »weiß ich nicht mehr.«

Dann die Gerüchte, die Prognosen, die Zweifel: Wie gut ist er drauf? War alles nur Theater; ein Bluff, um die Konkurrenz in Hoffnung einzulullen?

Blanke Theorie. Aber die alten Haudegen

des Zehnkampfs wissen um die Rolle, die die Psychologie in den Hinterköpfen der Athleten spielt. Sie waren übrigens alle in Stuttgart: Jene, die den Boden bereitet haben für die Gipfelstürmer von heute. Siegfried Wentz als Präsident des Zehnkampf-Teams, Jürgen Hingsen, Guido Kratschmer und Daley Thompson.

Der Brite, der den Weltrekord hielt, bis O'Brien ihn ablöste, beherrscht die süffisante Wortmalerei noch immer. Wer denn sein Favorit sei für den Titel, wurde er gefragt. Thompson: »Jürgen Hingsen ...«

Zurück zu denen, denen die Gegenwart gehört. Paul Meier aus Leverkusen, erst 22 Jahre jung und deswegen auch ein Mann für das Morgen, hat seinen Ruf seit Barcelona weg: Der Sieger des ersten Tages. Ein Löwenherz in Elefantenhaut: Er habe nicht nur das sportliche Talent, sagt sein Trainer Axel Berndt, sondern auch

die Begabung, Dinge abprallen lassen zu können. Mit einem Wort: Der Mann hat die Ruhe weg. Sechster war der Maschinenbau-Student am Ende des zweiten olympischen Zehnkampf-Tages. Als Dan O'Brien ihn in seine Favoriten-Liste aufnahm, sagte der unverbrauchte Stürmer in bescheidenem Respekt: »Es ist ein Kompliment, wenn einen der Weltrekordler als Konkurrenten ansieht.«

Der König kennt seine Untertanen – und die hatten bei allen Zweifeln seiner Stärke

gegenüber ein treffendes Gefühl für dessen Potential. Meier: »Ein O'Brien in Topform braucht niemanden zu fürchten.«

Auch Christian Schenk nicht. Oder doch? Der 28jährige gebürtige Rostocker, der in Mainz sein neues Zuhause hat, ist der Kapitän an Bord des Zehnkampf-Teams. Seine Erfahrung, seine Fähigkeit, die anderen zu motivieren, die Segel so zu steuern, daß der Wind wieder in den Rücken bläst, hat ihn dazu prädestiniert. Olympiasieger in Seoul, Europameisterschafts-Dritter 1990 in Split, WM-Dritter 1991 in Tokio. Von Verletzungen immer wieder aus der Bahn geworfen, mit dem Vertrauen in die eigene Leistungsfähigkeit und mit brennendem Ehrgeiz immer wieder auf Erfolgskurs zurückgefunden: der Publizistikstudent braucht um seine Qualität nicht viele Worte zu machen.

Schenk steuerte die Mannschaft auch durch die Untiefen des Stuttgarter Zehnkampfs. Er dirigierte das Publikum, trieb an und dankte wie ein Konzertmeister, der weiß, wie wichtig Streicheleinheiten für die sensiblen Seelen besonders dann sind, wenn ein Takt danebenging.

Aufstehen: Zehnkampf, der erste Tag. Das Programm: 100 Meter, Weitsprung, Kugelstoßen, Hochsprung, 400 Meter. Die Dramaturgie: O'Brien und Meier legten exakt die gleiche Zeit vor – 10,57 Sekunden. »Paule, Paule«, skandierten die Fans. Schenk leistete sich erst einen Fehlstart

Der Franzose Christian Plaziat wurde Sechster des Zehnkampfs.

und blieb beim zweiten Versuch »zu lange sitzen« – 11,22. Aber der Auftakt ist mehr für die Psyche als für die Zahlenbilanz wichtig. *Der Weitsprung:* Dan O'Brien setzte das Maß und machte sofort wieder Schluß. 7,99 Meter im ersten Versuch. Aber hallo! Oder warum hört er schon auf? Ist er so stark – oder so schwach, daß er Kräfte sparen muß? Fragen, deren Antwort aufgeschoben werden mußte. Schenk sprang 7,63 und leistete sich zwei Fehlversuche. Meier blieb bei 7,57 Meter – das hätte besser gehen können. »Paule, Paule«, skandierten die Fans, und Schenk peitschte sie an. Auf der Bank hinter der Balustrade packte der erste Favorit seine Tasche: Drei Fehlversuche, null Punkte, das Aus. Vize-Weltmeister Michael Smith (Kanada) gab auf.

Kugelstoßen: Paules Eisenkugel plumpste bei 15,45 ins Grün – ihm fiel ein Stein vom Herzen. Na also: »Super.« Der Fanclub hob die Transparente: »Paule, go for gold.« Weit ist der Weg, nah das Ziel. O'Brien stieß 15,41 Meter, Schenk 15,72 Meter. Auf den Tribünen rechneten sich die Zuschauer die Köpfe heiß.

Hochsprung: Dan O'Brien leistete sich die erste Schwäche. 2,03 Meter waren nicht weltmeisterlich. – Das sind die Situationen, in denen die Gedanken zu kreiseln beginnen. Was machen die anderen? Meier meisterte 2,15 Meter, Schenk auch. Der eine strahlte, der andere schimpfte. Sie kämpfen gegeneinander, aber das Maß ist immer die eigene Bestleistung. »Paule, Paule«, skandierten die Fans – und ließen genügend Applaus für die anderen übrig. Meier führte zu diesem Zeitpunkt vor O'Brien und Schenk. Aufsteiger und Aussteiger: Olympiasieger Robert Zmelik (Tschechische Republik) verletzte sich am Knöchel und gab auf. *400 Meter:* Der Amerikaner eilte voraus. 47,46 Sekunden. Die Mitstreiter ahnten, daß er nur über sich selbst würde stolpern können. Aber der Zehnkampf erlaubt keinen langen Hader mit dem Glück des anderen. Christian Schenk trat zum Endspurt in den Feierabend an und stellte in 48,78 Sekunden eine neue Bestleistung auf und vergaß wieder nicht, denen auf der Galerie zu zeigen, daß »Paule, Paule« ihre Unterstützung auch braucht.

Halbzeit: O'Brien führte hauchdünn vor Meier und Schenk. Die Nacht war ganz allein zum Schlafen da. Aber der Zehnkampf wirbelt Hochrechnungen und Tiefschläge durcheinander. Wenn die Muskeln und Gelenke ruhen, fängt der Kopf an zu arbeiten. »Ich habe wenig geschlafen«, gestand Schenk am nächsten Morgen. »Aber sehr intensiv.« Wenigstens das. *100 m Hürden:* Fehlstart von Europameister Plaziat. Fehlstart von Meier. »Jetzt geht's los«, skandierten die Fans. Meier lief 14,63 Sekunden und ärgerte sich: »Ich bin sauer, ich kann schneller laufen.« Schenk auch: 15,29 Sekunden. »Da war eine Blockade, obwohl ich mich toll gefühlt habe.« Der Zehnkampf forscht in den hintersten Ecken nach Schwächen. Die blutende Hüfte? Schenk: »Strafe muß sein...« Die Computer notierten für ihn Platz sechs nach sechs Disziplinen. »Paule, Paule...«

Diskuswerfen: Meier (45,72 m) verlor auf O'Brien (47,92 m) über zwei Meter an Boden, und Schenk stöhnte: »Die Nerven...« 46,94 Meter waren nicht das, was er sich vorgestellt hatte. Ganz nebenbei schlich sich ein anderer in den Kreis der Medaillenanwärter: Hämäläinen nahm die Hürden schneller als alle anderen, und mit 49,26 Meter warf er die Diskusscheibe zum persönlichen Rekord.

Dan O'Brien und Paul Meier bei der Siegerehrung: Ein Gewinner und lauter Sieger...

Durch den Tunnel ans Licht:
Paul Meier und Christian Schenk nach dem abschließenden 1500-m-Lauf.

Stabhochsprung: Fortsetzung Hämälainen. Der Weißrusse hangelte sich über 5,30 Meter und feierte wieder. Schenk turnte über 4,80 Meter und setzte in der Höhenluft ebenfalls einen Rekord in eigener Sache. Das ist Zehnkampf: rauf und runter. Meier blieb bei 4,60 Meter hängen, O'Brien (5,20 Meter) war schon auf und davon. »Paule, Paule«, skandierten die Fans. Und der Rest war Hoffnung.

Speerwerfen: O'Brien (62,56 m) und Hämälainen (61,88 m) waren nicht mehr einzuholen. Der Kampf um Bronze wurde zum deutsch-deutschen Duell mit zwei Franzosen im Nacken: Alain Blondel und Christian Plaziat. Meier stellte mit 61,22 Meter wieder eine Bestleistung auf, und Schenk landet mit 65,32 Meter einen Coup. »Paule, Paule«, skandierten die Fans, und der Computer spuckte einstweilen den Stand der Dinge aus.

Die Medaillen waren verteilt. Aber die Helden hatten noch ein schmerzhaftes Finale vor sich.

1500 Meter: Das sind 1500 Meter stummes Leiden, die Füße tragen dich irgendwie vorwärts, das Unterbewußtsein registriert die Vibrationen des Laufschritts, und die Sprechchöre fallen in den Takt mit ein: Vorwärts, vorwärts, durch den Tunnel ans Licht. Der Jubel löste den Taumel aus: Gold für O'Brien, Silber für Hämälainen, Bronze für Meier. Platz vier für Schenk, und Michael Kohnle (Göppingen) durfte als Neunter im Schatten des Spitzenkampfs sein eigenes Fest feiern. Ein Gewinner, alle Sieger: Der Zehnkampf hat sein eigenes Gesetz.

Zehnkampf Männer

Finale am 19./20. 8. 1993

1. Dan O'Brien (USA) 8817
   10,57 7,99 15,41 2,03 47,46 14,08
   47,92 5,20 62,56 4:40,08
2. Eduard Hämälainen
   (Weißrußland) 8724
   10,72 7,05 15,49 2,09 47,65 13,57
   49,26 5,30 61,88 4:39,34
3. Paul Meier (Leverkusen) 8548
   10,57 7,57 15,45 2,15 47,73 14,63
   45,72 4,60 61,22 4:32,05

(100 m / Weitsprung / Kugelstoßen / Hochsprung / 400 m / 110 m Hürden / Diskuswerfen / Stabhochsprung / Speerwerfen / 1500 m)

69

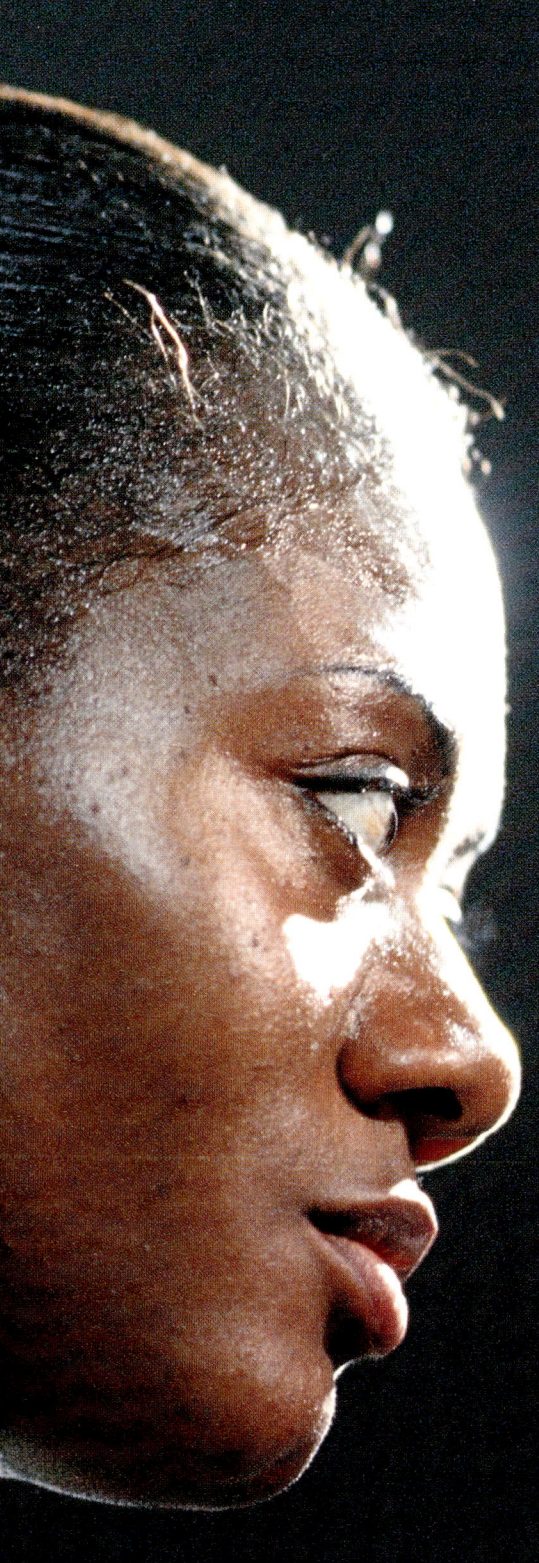

Traurig, ernst und schön: Merlene Ottey aus Jamaika bei der Siegerehrung nach dem 100-m-Finale der Frauen.

Gail Devers (USA, mit der Nummer 866) auf der Überholspur des 100-m-Finales.

Die Winzigkeit einer Tau-
sendstelsekunde – weniger
als ein Wimpernschlag –
trennte Gail Devers von
Merlene Ottey.

Ein Tausendstel und eine traurige Schöne

Es war die einsamste Ehrenrunde dieser Weltmeisterschaften: Verloren, verlassen, verraten. So fühlte sich Merlene Ottey, als sie langsam, ganz langsam und alleine die Arena umrundete, sich als Weltmeisterin fühlte und es doch nicht war.

Rechts: Das offizielle Zielfoto des 100-m-Finales.

Rechte Seite: Im 200-m-Finale wendete sich für Merlene Ottey dann doch noch alles zum Guten.

Glückskind: Gail Devers

Gail Devers (USA), geboren am 19. November 1966. Maße: 1,60 m, 51 kg. Größte Sprint-Erfolge: Olympiasiegerin 1992, 1991 WM-Silber mit der Staffel. Champion-Spruch: »Ich war mir nicht sicher, ob ich wirklich gewonnen habe – aber ich danke Gott für meine gute Leistung.«

Sprint-Marathon: Merlene Ottey

Merlene Ottey (Jamaika), geboren am 10. Mai 1960. Maße: 1,74 m, 57 kg. Größte Erfolge: Olympische Spiele 1992 Bronze 200 m, 1984 Bronze 100/200 m. 1980 Bronze 200 m, Weltmeisterschaften 1991 Bronze 100/200 m und Staffel-Gold, 1987 Bronze 100/200 m, 1983 Silber 200 m. Champion-Spruch: »Ich kam mir vor wie im Ozean.«

4th IAAF WORLD CHAMPIONSHIPS in ATHLETICS
STUTTGART 1993

OFFICIAL TIMER SEIKO

10,82 auswies, strahlte erstere und rannte los, aber restlos überzeugt war sie nicht: »Ich war mir nicht sicher, ob ich das Rennen wirklich gewonnen hatte, denn auf der Anzeigetafel war es nicht zu erkennen.« Sie habe nur gehört, »wie mich der Ansager zur Weltmeisterin ausrief«.

Merlene Ottey, die bronzefarbene Schöne, war mit Silber nicht zufrieden. – Nicht nach so einem Rennen. Der Instinkt flüsterte es ihr ein: »Ich glaube, daß ich gewonnen habe und fühle mich als wahre Weltmeisterin.« Die jamaikanische Delegation legte Protest ein – erst gut einhundert Minuten nach dem Zieleinlauf stand die Siegerin fest: Es blieb Gail Devers.

Was nützte es Merlene Ottey, daß ihre

Gail Devers war aufgehalten worden: Ein Pulk von Fotografen klebte an ihren Fersen, als ihr Trainer Bob Kersee die neue Sprint-Queen umarmte und schier erdrückte vor Freude. Die Winzigkeit einer Tausendstelsekunde, das ist weniger als ein Wimpernschlag und vom menschlichen Auge nicht mehr erfaßbar, trennte die triumphierende Amerikanerin von der traurigen Jamaikanerin.

Keine wagte zu jubeln: Ausgepumpt und ratlos standen sie nach dem Finish im Ziel und warteten auf die Video-Einblendung, die auch nach der fünften, sechsten und siebten Wiederholung keine Aufklärung brachte. Nur die unbestechliche Uhr schien die Erste von der Zweiten unterscheiden zu können: Als diese für die Olympiasiegerin Gail Devers zunächst 10,81 Sekunden und für Merlene Ottey

Zeit über Nacht korrigiert und mit jenen 10,81 Sekunden der Siegerin gleichgesetzt wurde? Ein Tausendstel und ein Alptraum: Seit mehr als zehn Jahren rennt die nunmehr 33 Jahre alte Jamaikanerin stets in der Weltklasse – aber immer auch dem Gold nach. 100 Meter, 200 Meter und Staffelstarts brachten ihr vier olympische und fünf Weltmeisterschafts-Medaillen in Bronze ein. Die Siegerinnen kamen und gingen: Evelyn Ashford, Marlies Göhr, Florence Griffith-Joyner und zuletzt Katrin Krabbe. Nur Merlen Ottey blieb und konnte doch wieder nicht gewinnen.

Kein Wunder, daß sie oft mit dem Schicksal und zuletzt mit dem Kampfgericht haderte. Merlene Ottey: »Mancher hat mich schon gefragt, warum ich mich immer noch so schinde, es habe ja doch keinen Sinn.« Sie lächelte nicht dabei, weil sie sowieso

selten lächelt. Aber sie sagte, sie werde weiterlaufen, weiter und weiter dem Glück hinterher. »Mit einer Goldmedaille hätte ich schon längst aufgehört.«

In der Aufregung um das Fotofinish der beiden Sprint-Königinnen fiel gar nicht mehr so sehr auf, daß es sich um ein unglaublich hochkarätiges Finale gehandelt hatte. Die Amerikanerin Gwen Torrence (10,89) und die Russin Irina Privalova (10,96) kamen unter elf Sekunden ins Ziel. Die Siegerehrung fand wegen des Protestes der jamaikanischen Delegation erst am Tag nach der Entscheidung statt. Merlene Ottey hatte sich das Zielfoto von zwei Seiten angeschaut und sagte: »Ich bin mir weiterhin sicher, daß ich gewonnen habe.« Doch oben auf dem Treppchen stand Gail Devers, und die Zuschauer schenkten ihr den verdienten Applaus, denn immerhin war sie ja genauso schnell gelaufen.

Aber dann trat Merlene Ottey aufs Podest. Traurig, ernst und schön. Und es brach ein Sturm aus auf den Tribünen. Minutenlang rauschten die Ovationen herunter, und ganz, ganz langsam hellte sich ihr Gesicht auf und fing auf einmal an zu strahlen. Gold konnten sie ihr nicht schenken, aber die Gewißheit, daß man sie an der Seite von Gail Devers als Siegerin sah.

Man sollte die Tausendstelsekunden von der Uhr verbannen...

100 m Frauen

Finale am 16. 8. 1993

1. Gail Devers (USA) 10,81
2. Merlene Ottey (Jamaika) 10,81
3. Gwen Torrence (USA) 10,89

Frauen: 200 Meter

Merlene Ottey: Ende gut, alles gut

Die erste Nacht ruhte die Goldmedaille unter ihrem Kissen: Wer so lange einem Schatz hinterherrennt und ihn dann endlich, endlich gefunden hat, läßt ihn nicht mehr aus den Augen. Das Drama des 100-Meter-Finales fand sein Happy-End für Merlene Ottey im Ziel der 200 Meter. Die

Rechte Seite: Jearl Miles (USA) freut sich über ihren Sieg im 400-m-Finale.

Sprint-Königin aus Jamaika fuhr als Weltmeisterin zurück auf die Insel. Karibische Träume: Das wird ein Fest. »Ein, zwei Wochen«, meinte sie, »werde es schon dauern.« Warum nicht? 13 Jahre lang rannte Merlene Ottey (33) ihrem großen Ziel, einem Titel, hinterher und sammelte auf dem Weg vier Bronzemedaillen bei Olympischen Spielen, sieben Medaillen bei Weltmeisterschaften, aber nur einmal Staffel-Gold. Dabei mußten die Zuschauer, die der Königin aus Jamaika die Daumen drückten, als sei sie im Stuttgarter Stadion geboren worden, wieder zittern. Merlene, die in Italien mit dem Sprinter Stefano Trilli lebt, stürmte so schnell los, daß ihr auf den letzten Metern diesmal Gwen Torrence (USA) bedrohlich nahe kam. Doch Merlene ließ diesmal keine Zweifel zu: »Ich wußte, daß ich gewinne« – und dann schwamm sie auf der Welle der Begeisterten fort: »Ich kam mir vor wie im Ozean.« Rock und Reggae sollten sie durch die Nacht tragen, aber dann genügte ein Gläschen Champagner, und die Siegerin kippte müde ins Bett. – Gold inklusive.

200 m Frauen

Finale am 19. 8. 1993

1. Merlene Ottey (Jamaika) 21,98
2. Gwen Torrence (USA) 22,00
3. Irina Priwalowa (Rußland) 22,13

Bettina Zipp von der deutschen 4×100-m-Staffel. Der fünfte Platz »war genau der, den wir erwartet hatten«.

Mit geschlossenen Augen zum Titel

Augen zu und durch: Irina Privalova konnte das Drama nicht mehr mitansehen und lief ihrem neuen Glück lieber blindlings entgegen. Die Schlußläuferin der russischen Sprintstaffel stürmte Brust an Brust mit der zweifachen Weltmeisterin Gail Devers übers Ziel. Noch einmal mußte die Jury die Fotos auswerten und entschied: Bei Zeitgleichheit bis zwei Stellen hinter dem Komma (41,49 Sekunden) wurden Olga Bogoslovskaja, Galina Malchugina, Natalja Woronowona sowie Irina Privalova zu Staffel-Weltmeisterinnen erklärt. Die 24jährige Moskauer Schlußläuferin: »Heimlich haben wir auf Gold gehofft. Auf den letzten zwanzig Metern war ich so nervös, daß ich die Augen schloß.«

Gail Devers erklärte die hauchdünne Niederlage der Amerikanerinnen mit den schlechteren Wechseln. Gwen Torrence mußte zweimal nachgreifen, ehe sie den Stab von Startsprinterin Michelle Finn fest in der Hand hatte und danach an Wendy Vereen übergeben konnte.

Das deutsche Quartett mit Andrea Philipp, Bettina Zipp, Silke Knoll und Melanie Paschke wurde in deutscher Jahresbestzeit (42,79 Sekunden) glückliche Fünfte und war schon lange auf der von Applaus umrauschten, wohlverdienten Ehrenrunde, als die Russinnen und Amerikanerinnen noch nervös auf das Endergebnis warteten. Silke Knoll: »Dieser Platz war genau der, den wir erwartet hatten. Wir hätten vielleicht weiter vorne landen können – aber nur dann, wenn bei den Spitzenteams etwas passiert wäre.«

4×100 m Frauen

Finale am 22. 8. 1993

1. Rußland (Bogoslovskaja/ Malchugina/Woronowona/ Privalova) 41,49
2. USA (Finn/Torrence/Vereen/ Devers) 41,49
3. Jamaika (Freemann/Campbell/ Mitchell/Ottey) 41,94

Ladylike: Made in Amerika

Die Stadionrunde beherrschten die schnellen Frauen aus Amerika: Die 26jährige Jearl Miles aus Florida gewann zuerst den Einzel-Titel in persönlicher Bestzeit von 49,82 Sekunden vor ihrer Teamkollegin Natasha Kaiser-Brown – und verriet hinterher, was man mit gesundem Selbstbewußtsein und Arbeit alles machen kann. Miles: »Ich habe vier Jahre für dieses Rennen trainiert. Direkt vor dem Rennen sagte mein Trainer zu mir: Du hast zu hart gearbeitet, um dieses Rennen nicht zu gewinnen.« – Wie immer, wenn eine andere ähnlich denkt, wird selbst ein dritter Platz zur Enttäuschung. Sandie Richards (Jamaika): »Ich wollte hier siegen. Was schief lief? Der Start ...«
Die beiden US-Girls führten erwartungsgemäß auch die Staffel zusammen mit Mar-

cel Malone und Gwen Torrence als Startläuferin zum Gold in 3:16,71 Minuten (Jahresweltbestzeit).
Silber ging an Rußland mit Jelena Ruzina, Tatjana Aleksejeva, Margarit Ponomarjowa und Irina Privalova (3:18,38) vor Großbritannien mit Linda Keough, Phylis Smith, Tracy Goddard und Sally Gunnell.
Beachtlich: Heike Meißner, Sandra Seuser, Anja Rücker und Linda Kisabake liefen als Achte im Endlauf neue deutsche Jahresbestzeit (4:25,49).

400 m Frauen

Finale am 17. 8. 1993

1. Jearl Miles (USA) 49,82
2. Natasha Kaiser-Brown (USA) 50,17
3. Sandie Richards (Jamaika) 50,44

4×400 m Frauen

Finale am 22. 8. 1993

1. USA (Torrence/Malone/Kaiser-Brown/ Miles) 3:16,71
2. Rußland (Ruzina/Aleksejeva/ Ponomarjowa/Privalova) 3:18,38
3. Großbritannien (Keough/Smith/ Goddard/Gunnell) 3:23,41

Seite 80/81
Maria Mutola (Mosambik), Siegerin des 800-m-Finales der Frauen, beim vorläufigen Happy-End einer märchenhaften Geschichte.

Seite 82/83
Die Chinesinnen Yunxia Qu, Linli Zhang und Lirong Zhang (von links nach rechts): Gold, Silber und Bronze über 3000 Meter.

Seite 84/85
Katrin Dörre-Heinig (mit der Nummer 324) am Ende eines langen Wegs. Ihre wegwerfende Handbewegung im Ziel des Frauen-Marathons zeigte deutlich, was in ihr vorging: Ärger, Enttäuschung, Erschöpfung.

Patenschaft:
Maria Mutola

Maria Mutola (Mosambik), geboren am 27. Oktober 1972. Maße: 1,62 m, 61 kg. Größte Erfolge: 1991 WM-Vierte. Champion-Spruch: »Am liebsten spiele ich Fußball.«

Christine Wachtel aus Rostock schied bereits im ersten Halbfinale des 800-m-Laufs aus.

Frauen: 800 Meter

Einfach märchenhaft: Maria Mutola

Der Bürgermeister war gefordert, die Mitarbeiter im Kultur- und Sportamt tüftelten ein würdiges Rahmenprogramm aus, und den Einwohnern in Remseck teilte man auf der Titelseite der Ortsnachrichten mit, daß man nicht nur Dreh- und Wendepunkt des weltmeisterschaftlichen Marathons sein werde, sondern auch eine Athletin im WM-Vorfeld beherberge, die ein paar Tage später womöglich eine leibhaftige Weltmeisterin sein würde.

Das kommt schließlich in einer Gemeinde, in der sich die Fußballer in der Bezirksliga bemühen und das rege Sportlerleben sich auf unteren Ebenen abspielt, nicht alle Tage vor. Der Star hieß Maria Mutola – und durfte ganz allein auf einer herrlichen neuen Leichtathletik-Anlage trainieren. Soviel Ehre, sagte Maria Mutola wiederum dankbar, sei ihr noch nirgendwo widerfahren. – Nicht einmal in Amerika, wo sie dank eines Stipendiums lebt.

Es kommt auf die Maßstäbe an. Denn in ihrer Heimat Mosambik gibt es nicht eine einzige moderne Laufbahn. Maria Mutola war im Rahmen des Patenschaftsprogramms, das am Rand der Weltmeisterschaften einen eigenen, großen Erfolg feierte und dem Sport in Entwicklungsländern mit Sachspenden und anderer Unterstützung auf die Beine helfen soll, zu dem Trainingslager eingeladen worden. Am dritten Wettkampftag feierten Mosambik und Remseck »ihre« Weltmeisterin über 800 Meter – das vorläufige Happy-End einer märchenhaften Geschichte.

Von einem Dichter in den Straßen Maputos beim Fußballspielen entdeckt und von dessen Sohn davon überzeugt, daß für ein 15jähriges Mädchen mit ihrer Begabung nur die Leichtathletik in Frage komme, ließ sie schweren Herzens von ihrem sehnlichsten Wunsch: Fußball auf höherer Ebene in einer Mannschaft zu spielen. Ein reichlich außergewöhnliches Ansinnen für einen Teenager in Mosambik. Mädchen-Fußballmannschaften gibt es dort nicht – und bei den Männern durfte sie nicht mitspielen.

Im selben Jahr, es war 1988, erlebte Maria Mutola ihre ersten Olympischen Spiele in Seoul. Sie schied im Vorlauf aus – aber der Weg nach oben führte noch über ganz andere Hindernisse. Die Eltern wollten ihr Kind, das jüngste von sechs, zunächst nicht nach Amerika gehen lassen, wo ein Stipendium des Olympischen Solidarität-Komitees ihr Ausbildung und Trainingsmöglichkeiten sicherte. Aber auch diese Hürde nahm sie: Seit 1991 geht sie in Springfield (Oregon) zur High-School und hat bei ihren Trainern Jeff und Margo Fund ein Zuhause zum Wohlfühlen gefunden. Sie lacht, wenn sie erzählt, wie sie sich am Anfang mit Zeichensprache verständigt haben. Doch Maria Mutola lernt schnell – nicht nur die Sprache.

Zum Rennen: In 1:55,43 Minuten lief die 21 Jahre junge Athletin einem bravourösen Sieg entgegen. Die Russin Ljubow Gurina (1:57,10) und Ella Kovacs aus Rumänien (1:57,92) hatten keine Chance. Als das Gesicht der Afrikanerin auf den letzten Metern in Großaufnahme auf der Videotafel im Gottlieb-Daimler-Stadion erschien, konnte man ahnen, was sich an Glückseligkeit und Erleichterung, an Stolz und Stärke in diesem Moment in ihr abspielte. »Ich habe«, sagte Maria de Lurdes Mutola, »während des Rennens nicht an meine Zeit oder einen Rekord gedacht, sondern immer nur ans Gewinnen.« – Als sie sich umdrehte, merkte sie erst, daß ihre Cousine, ebenfalls eine hochbegabte Entdeckung (diesmal aus dem Basketball), nicht ins Ziel gekommen war. Argentina de Gloria Paulino war gestürzt.

800 m Frauen

Finale am 17. 8. 1993

1. Maria Mutola (Mosambik) 1:55,43
2. Ljubow Gurina (Rußland) 1:57,10
3. Ella Kovacs (Rumänien) 1:57,92

Frauen: 1500/10 000 Meter

Chinesische Trilogie

Die Chronologie der Ereignisse erfordert eine Auflösung der klassischen Reihenfolge der leichtathletischen Disziplinen: Die China-Frage wurde nach dem 3000-Meter-Lauf zur tragischen Trilogie mit fragwürdigen Auswirkungen.

Erster Teil: Mit versteinertem Gesicht registrierte der chinesische Funktionär die Pfiffe des als so fabelhaft fair gerühmten Publikums gegen die Athletin aus seiner Mannschaft. Immerhin war Junxia Wang gerade Weltmeisterin über 10 000 Meter und ihre Mannschaftskollegin Huandi Zhong Zweite vor der Kenianerin Selina Barsosio geworden. Die öffentlich geäußerten Zweifel des deutschen Läufers Dieter Baumann an einer dopingfreien Leistung der Chinesinnen nach dem 3000-Meter-Lauf hatten sich offenkundig vertausendfach – und dabei waren die Zwischentöne überhört worden. Baumann hatte auch betont, daß er mit seinem Verdacht nicht die Sportler, sondern das System kritisiere. Doch es nützte nichts. Junxia Wang, schüchtern die chinesische Fahne schwenkend, mußte bereits nach wenigen Metern sichtlich verstört die Ehrenrunde abbrechen, bevor die Pfiffe zum Pfeifkonzert ausarten konnten. In 30:49,30 Minuten war sie die zweitschnellste Zeit gelaufen, die je über die 10 000 Meter von einer Frau erzielt worden sind.

Fortsetzung, zweiter Teil: Der 1500-Meter-Lauf am Schlußtag erlebte Dong Liu in 4:00,50 Minuten als Siegerin vor Sonia O'Sullivan (Irland) und Olympiasiegerin Hassiba Boulmerka (Algerien). Die Fans im Zwiespalt der Gefühle: Während des Laufs feuerten sie Liu so an, daß diese hinterher dankte: »Das Publikum verhalf mir zum Erfolg.« Danach gab's Pfiffe und wieder keine Ehrenrunde.

Die Fußangeln der Fairneß: Auch ein begründeter Verdacht darf nicht zum vernichtenden (Vor-)Urteil werden. Uta Pippig (Berlin) nahm ihre chinesischen Konkurrentinnen im 10 000-Meter-Lauf erst einmal in Schutz: »Ich weiß, wie unglaublich hart diese jungen Mädchen trainieren. Anderseits müssen – gerade im Interesse dieser Läuferinnen – auch in China Do-

pingkontrollen vorgenommen werden.« Wenn sie ihre Unschuld nicht beweisen, werden sie mit dem Verdacht leben müssen. Junxia Wang: »Im Winter laufe ich täglich 30 bis 40 Kilometer.«

Uta Pippig, die sich trotz ihrer Marathon-Klasse für die 10 000 Meter entschieden hatte, landete mit der guten Zeit von 31:39,97 Minuten nur auf Platz neun. Sie war untröstlich: »Ich bin sehr traurig. Ich wollte hier doch mindestens unter die ersten Sechs kommen.« Kein Grund zur Aufgabe: Die 27jährige, 1991 in Tokio WM-Sechste und in Barcelona Olympia-Siebte, hat sich entschieden: »Meine nähere Zukunft wird dem Sport gehören.«

Dong Liu aus China (mit der Nummer 130) beim 1500-m-Finale der Frauen auf dem Weg zum Gold.

1500 m Frauen

Finale am 22. 8. 1993

1. Dong Liu (China) 4:00,50
2. Sonia O'Sullivan (Irland) 4:03,48
3. Hassiba Boulmerka (Algerien) 4:04,29

10 000 m Frauen

Finale am 21. 8. 1993

1. Junxia Wang (China) 30:49,30
2. Huandi Zhong (China) 31:12,55
3. Selina Barsosio (Kenia) 31:15,38

**Irritationen:
Dong Liu**

Dong Liu (China), geboren am 24. Dezember 1973. Größte Erfolge: 1992 Junioren-Weltmeisterin.
Champion-Spruch: »Während des Rennens habe ich nie an meinem Sieg gezweifelt.«

**Schüchterne Siegerin:
Junxia Wang**

Junxia Wang (China), gebeboren am 21. März 1973. Maße: 1,60 m, 45 kg. Größte Erfolge: Asien-Rekordhalterin über 10 000 m.
Champion-Spruch: »Ich war stolz und glücklich, als ich die chinesische Fahne in der Hand hielt.«

Die Japanerin Junko Asari konnte sogar noch ihren Fans zuwinken, ehe sie sich der letzten Geraden auf dem Weg zum Marathon-Titel widmete.

Frauen: 3000 Meter

Aufgedreht, abgedreht

Wie Orgelpfeifen der Größe nach aufgereiht rannten die drei Chinesinnen den keuchenden, staunenden und erschreckten Gegnerinnen davon. Ihr Muskel-Motor hörte auch dann nicht auf, sich zu drehen, als sie nach 3000 Metern im Ziel angekommen waren. Sie schauten sich nicht an, sie gratulierten sich nicht, sie lachten nicht, sie winkten nicht, sie täppelten einfach immer weiter und weiter im Kreis herum und vor und zurück, bis irgendwann die innere Uhr abgelaufen war. Gold für Yunxia Qu (8:28,71 Minuten), Silber für Linli Zhang (8:29,25), Bronze für Lirong Zhang (8:31,95). Weil Einigkeit stark macht, gaben sie auch hinterher eine gemeinsame Erklärung heraus. Das Wetter sei viel kühler als in Peking um diese Jahreszeit, sie seien sehr froh, Gold, Silber und Bronze gewonnen zu haben, weil ihr Leistungsstandard in etwa der gleiche sei – und sie hielten »von Beginn an das Rennen für ein bißchen langsam«, weswegen man gemeinsam das Tempo erhöht habe.

Der 5000-Meter-Olympiasieger Dieter Baumann wagte als einziger auszusprechen, was andere nur schweigend vermuteten. In seiner täglichen Kolumne in der Stuttgarter Zeitung schrieb er: »Ich bin überzeugt, daß es hier nicht mit rechten Dingen zugegangen ist. Diese Leistung zweifle ich an.« Die letzten 800 Meter hatten alle drei in schier unglaublichen 1:59 Minuten zurückgelegt – mit dieser Zeit wären sie gemeinsam ins 800-Meter-Finale der Spezialistinnen gekommen.

Claudia Lokar (Dortmund) lief in 8:51,35 Minuten eine sensationelle neue Bestzeit für sich, wurde damit Zwölfte – und schaute noch mit Humor auf die Siegerinnen: »Sah doch lustig aus...«

Traurig, aber wahr.

3000 m Frauen

Finale am 16. 8. 1993

1. Yunxia Qu (China) 8:28,71
2. Linli Zhang (China) 8:29,25
3. Lirong Zhang (China) 8:31,95

Frauen: Marathon

Wenn es nicht dein Tag ist

Es ist dieser eine und einzige Tag, auf den sie hinarbeiten, für den sie trainieren, an dem alles gelingen muß. Dann kommt dieser Tag endlich, und alles ist gegen dich: Die Hitze, der Fehlgriff nach der ersten Trinkflasche, die dem austrocknenden Körper Flüssigkeit zurückgibt. Dann das Seitenstechen, das mit jedem Schritt wie ein Dolch durch den Körper zuckt.

Katrin Dörre-Heinig kam mit schweren Schritten ins Stadion, und die wegwerfende Handbewegung auf der Ziellinie signalisierte alles, was in diesem Moment in ihr vorging: Ärger, Enttäuschung, Erschöpfung.

Der sechste Platz im WM-Marathon ist allerdings ein hervorragendes Ergebnis. »Ich weiß das«, sagte sie Minuten später, »aber ich wollte eine Medaille, vielleicht sogar gewinnen, deswegen bin ich schon sehr enttäuscht.«

Es ist eben alles eine Frage der Perspektive: Olympia-Dritte in Seoul, WM-Dritte auch in Rom und Tokio, Siegerin des London-Marathons dieses Jahr – nach 13 Jahren Marathon wollte sie endlich den großen Coup.

Aber der Marathon ist unberechenbar. Wolfgang Heinig, Ehemann und Trainer der 31jährigen, sagte: »Sie wollte schon nach 15 Kilometer aussteigen, aber ich habe sie nochmal zum Weitermachen motiviert.« Sie selbst meinte dazu: »Bei Kilometer 30 ging gar nichts mehr. Ich habe mich halt noch bis ins Ziel geschleppt.«

Junko Asari dagegen hatte sogar noch Zeit und Kraft, der kleinen Fan-Kolonie aus ihrer Heimat mit der japanischen Fähnchen-Parade zuzuwinken, ehe sie die letzte Gerade im Stadion vollends ihrem Titel (2:30,03 Stunden) widmete. Knapp eine Minute rettete die Portugiesin Manuela Machado ihren schwindenden Vorsprung gegenüber der zweiten Japanerin gerade noch so ins Ziel. Tomoe Abe aus Osaka lief im zweiten Marathon ihrer Karriere aufs WM-Treppchen.

Soviel Kraft und zäher Willen in so zierlichen Körpern: Junko Asari war 23 Jahre alt, aber mit ihren 164 Zentimetern Körpergröße und gerade mal 42 Kilo Gewicht wirkte sie wie ein Mädchen, das noch nicht einmal lange das Teenager-Alter erreicht hat. Wenn der Geist stark ist, ist der Körper es auch.

Junko Asari: »Ich war sicher, daß ich gewinnen würde.« Dank mentalem Training – und der Motivationsspritze ihres Trainers Tsuaumichi Suzuki. Asari: »Er hat mir immer wieder gesagt, daß ich die Nummer eins im Marathon bin.«

Die lange Zeit führende Amerikanerin Kim Jones mißachtete ein eisernes Gesetz des Marathons: Wer es zu schnell angeht, büßt dafür am Ende furchtbar. Asari: »Ich wußte: Ich kann sie überholen.« Jones fiel zurück, während Junko Asari die letzten Kilometer einsam an der Spitze lief. Asari: »Marathon ist in Japan ein traditioneller Wettbewerb. Deshalb stand ich sehr unter Druck.«

Dem Druck hielt auch ihre Landsfrau stand. Tomoe Abe ist noch um 15 Zentimeter kleiner als die Weltmeisterin und bringt federleichte 38 Kilo auf die Waage. Am Tag der Weltmeisterschafts-Eröffnung feierte sie übrigens ihren 22. Geburtstag – zwei Tage später bescherte sie sich selbst das passendste Geschenk mit der Bronze-Medaille. Erst im Januar war sie daheim in Osaka den ersten Marathon ihres Lebens gelaufen und Zweite geworden.

Dabei hatte sie sich 300 Meter vor dem Ziel auch noch in die falsche Richtung verlaufen...

Das Vertrauen in die eigene Leistung machte die Finnin Sari Essayah zur Weltmeisterin.

Frauen: 10 km Gehen

Mit Glaube geht alles

Morgens um acht ging Sari Essayah in die Kirche des Athletendorfs zur Messe. Ihr Glaube konnte zwar die Berge auf der Geher-Strecke nicht versetzen – aber das Vertrauen in die eigene Leistung machte die 26jährige Finnin zur Weltmeisterin über 10 km Gehen.

Die letzten Kilometer ging sie solo: »Ich hatte keine Angst vor dem Tempo.« Das gilt nicht nur für die Strecken, die sie zu Fuß zurücklegt. Als Weltmeisterin war sie plötzlich Besitzerin eines Mercedes: Gehen ist gut, fahren noch besser. »Bisher«, bekannte die Studentin der Wirtschaftswissenschaften strahlend, »hatte ich nur ein kleines, altes Auto.«

Gebet erhört:
Sari Essayah

Sari Essayah (Finnland), geboren am 21. Februar 1967. Maße: 1,62 m, 50 kg. Größte Erfolge: 1992 Olympia-Vierte, 1991 WM-Bronze. Champion-Spruch: »Ich möchte eine Ehrenrunde laufen. Hat jemand eine finnische Fahne?«

Marathon Frauen

Finale am 15. 8. 1993

1. Junko Asari (Japan) 2:30:03
2. Manuela Machado (Portugal) 2:30:54
3. Tomoe Abe (Japan) 2:31:01

10 km Gehen Frauen

Finale am 14. 8. 1993

1. Sari Essayah (Finnland) 42:59
2. Ileana Salvador (Italien) 43:08
3. Encarnacion Granados (Spanien) 43:21

Die Berlinerin Kristin Patzwahl schied bereits im ersten Halbfinale über 100 m Hürden aus.

Frauen: 100 m Hürden

Die Hürde war kein Hindernis

Gail Devers (26) ließ diesmal keine Zweifel aufkommen: Die Amerikanerin gewann in der neuen US-Rekord-Zeit von 12,46 Sekunden die Goldmedaille über 100 Meter Hürden. Man brauchte keine umstrittene Zielfoto-Entscheidung wie im 100-Meter-Lauf gegen Merlene Ottey: Der Rückstand der Russin Marina Azjabina (12,60) war deutlich sichtbar. Man brauchte auch keine Angst haben, daß sie wieder stolpern würde. Die Hürde war diesmal kein Hindernis.

Zur Vorgeschichte: Bei den Olympischen Spielen in Barcelona war Gail Devers als klare Favoritin ins Rennen gegangen, lief vom Start weg souverän in Front, strauchelte an der allerletzten Barriere und kam als Fünfte ins Ziel. Sie schüttelte damals nur den Kopf, das Mißgeschick wurmte

100 m Hürden Frauen

Finale am 20. 8. 1993

1. Gail Devers (USA) 12,46 (WJB)
2. Marina Asjabina (Rußland) 12,60
3. Lynda Tolbert (USA) 12,67

WJB = Weltjahresbestleistung

sie. Aber sie stürzte deswegen in kein abgrundtiefes Loch. – Aus dem war sie gerade herausgekrochen: Eine lebensbedrohende Drüsenkrankheit, deren Ursache lange nicht erkannt wurde, hatte der Kalifornierin andere Maßstäbe beigebracht. Die Strahlenbehandlung führte zuletzt beinahe noch zur Fußamputation. Wer so etwas hinter sich hat, ist glücklich zu leben und nicht unglücklich, wenn er ein Rennen verliert.

Frauen: 400 m Hürden

Weltrekord und eine Bauchlandung

Sandra Farmer-Patrick (31) nahm die berühmte Formulierung wörtlich und stürzte sich ins Ziel: Der schnellste Hürdenlauf ihrer Karriere endete mit einer Bauchlandung und in neuer Weltrekordzeit (52,79 Sekunden) – aber diese Bestmarke war schon unterboten, ehe sie in die Statistik eingebracht werden konnte. Die Olympiasiegerin war noch einen Tick schneller: Auf den letzten Metern des dramatischen Rennens fing die Britin Sally Jane Janet Gunnell die Amerikanerin noch ab. Die Uhr blieb bei fabelhaften 52,74 Sekunden stehen – und die vierte Leichtathletik-WM hatte die erste alte Weltrekordmarke von Marina Stepanowa aus dem Jahr 1986 gelöscht. Die Reaktionszeit im Ziel war erheblich langsamer als jene am Start: Wie versteinert stand die 27jährige Britin da und starrte auf die Anzeigetafel. »Ich habe erst gar nicht begriffen, daß das Weltrekord war und war nicht mal sicher, ob ich gewonnen hatte.« Der Beweis stand in großen Lettern unterm Stadiondach, und die 52000 Zuschauer feierten Sally Gunnell schon lange, bis sie endlich, mit dem Union Jack ausgerüstet, den ausgelassenen Tanz über die Tartanbahn begann.

Ob sie wohl in diesem Moment daran gedacht hat, wie alles einmal begann: als Schnellste beim Eierlaufen in der Schule. Sie mußte ein rohes Ei auf dem Löffel balancieren und damit so schnell wie möglich rennen. Den Eier-Tanz ihrer großen Karriere hat die Farmers-Tochter mit natürlicher Fröhlichkeit unbeschadet überstanden. Olympiasieg und Weltmeistertitel taugen zum Startum. Doch die Farmers-Tochter winkt ab und sagt: »Ich hoffe und glaube nicht, daß ich mich verändert habe. Ich habe zu oft gesehen, wie sehr Erfolg Menschen verwandeln kann.«

Die geschlagene Gegnerin, die sie zum Rekordlauf regelrecht gezwungen hatte, kam nicht mit auf die Ehrenrunde. Sandra Farmer-Patrick lag völlig ausgepumpt am Stadionausgang – zwei Helfer trugen sie in die Katakomben. Später sagte sie: »Ich denke, ich habe das Rennen nicht verloren, ich wurde nur geschlagen. Aber ich bin glücklich über die beste Zeit meines Lebens.« Ihr Trainer Bob Kersee schwelgte in historischen Dimensionen eines freilich zweifelhaften Vergleichs: »Dieser Zweikampf ist vergleichbar mit jenem zwischen Muhammad Ali und Joe Frazier...« Ob den Ladies das gefällt?

Immerhin: Auch Bronzemedaillengewinnerin Margarita Ponomarjowa (Rußland) war in 53,48 Sekunden noch persönliche Bestzeit gelaufen. Ihr Kommentar: »Bestleistung und dritte in einem Weltrekord-Rennen. Das ist doch genug, oder?«

400 m Hürden Frauen

Finale am 19. 8. 1993

1. Sally Gunnell (Großbritannien) 52,74 (WR)
2. Sandra Farmer-Patrick (USA) 52,79
3. Margarita Ponomarjowa (Rußland) 53,48

WR = Weltrekord

Silvia Rieger schaffte es mit ihrer Zeit von 54,90 Sekunden nicht ins Finale über 400 m Hürden.

Frauen: Sprungdisziplinen

Heike Henkel: »Es hätte mir vielleicht mehr geschadet, wenn ich einen schlechten Wettkampf gezeigt hätte und deprimiert weggegangen wäre.«

Go for gold: Heike Drechsler hat mit beiden Beinen
voraus den Sprung über
die Mauer nach der Wende
vollzogen.

Premiere in Stuttgart: Der Dreisprung der Frauen.

Heike Henkel: Mehr als eine Fußnote

Heike Henkel saß bleich, aber gefaßt, in der Mitte oben auf dem Podium. Daneben der Verbands-Präsident Helmut Digel, der Orthopäde Dr. Karlheinz Graff (Essen) und ihr Mann Rainer Henkel. Die Pressekonferenz der deutschen Mannschaft hatte an diesem Tag das Thema, das tags zuvor alle auf Trab gehalten hatte: die Absage der Hochsprung-Titelverteidigerin bei der WM im eigenen Land. Der Präsident sprach von einer »schwierigen und mutigen Entscheidung« und lobte sie als beispielhaft für jene freien und mündigen Athleten, die man sich im Sport heutzutage wünsche. Der Arzt erklärte, was es mit der »Reizung des Achillessehnengleitgewebes« in ihrem linken Fuß auf sich hat, daß Verklebungen das »reibungsfreie Gleiten der Sehne verhindern« und dies die schlimmen Schmerzen verursache, die die Qualifikation zur Qual für die Olympiasiegerin hatte werden lassen. Er berichtete,

welche Injektion sich aus Doping-Gründen von selbst verboten habe und daß »auch eine lokale Betäubung nichts gebracht hätte«. Graff: »Die hätte der Sehne jener Schutzmaßnahme beraubt, die sagt: ›Jetzt ist's genug‹.«

Im Grund war die Erklärung für den späten Rückzug ganz einfach: Als Lichtgestalt der deutschen Leichtathletik gefeiert und demnach auch entsprechenden Erwartungen ausgesetzt, wollte sich Heike Henkel selbst und den Zuschauern diesen einen Auftritt noch gönnen. Das Gefühl, unbedingt teilnehmen zu wollen, hat die Vernunft so lange in Schach gehalten, bis der Körper selbst laut Stopp schrie.

Heike Henkel: »Es ist so schwer, so eine Entscheidung allein zu treffen. Man wartet immer auf einen Impuls. Der psychische Druck war sehr groß. Ich habe das alles wohl verdrängt.« Karlheinz Graff: »Manchmal brauchen Entscheidungen eine sehr lange Vorbereitung. So lange haben wir halt versucht zu retten, was zu retten ist.«

Die 29jährige Leverkusenerin verfolgte den Kampf um ihre Nachfolge daheim vor dem Fernseher. Türe zu und Füße hoch: danach war ihr zumute. Die Stationen des Leidens hatten ihre Kräfte aufgebraucht, nur wollte sie es nicht wahrhaben. An jedes schmerzfreie Training, an jeden erfolgreichen Versuch, an jeden einigermaßen guten Wettkampf hatte sie sich geklammert wie an einen Strohhalm, der prompt einknickte.

Die Erfahrung, daß die Leute ihr auch dann herzlich zugetan waren, wenn sie nicht zwei Meter sprang, tat ihr unendlich gut und machte den Rückzug um so schwerer. Nicht einmal die reale Einschätzung, daß eine Medaille außer Reichweite rückte, hielt sie von ihrem Plan ab: Sie wollte sich stellen, nicht feige sein, der Konkurrenz einen guten Kampf liefern und vielleicht einer anderen Siegerin auch die Genugtuung verschaffen, daß sie gegen die Besten gewonnen hat und nicht mit dem Makel leben muß, daß es heißt: Weltmeisterin – in Abwesenheit von Heike Henkel…

Zum ersten Mal gestand sie am Tag nach der Verzichtserklärung, daß der Rummel um ihre Person zuletzt anstrengend war. Sogar, als sie noch zwischen Hoffen und Bangen schwankte, ob die übersprungenen

1,90 Meter überhaupt zur Qualifikation reichen würden, schrieb sie am Zaun mühsam lächelnd ihren Namen auf alle möglichen Utensilien. Die geforderten 1,93 Meter hatte sie dreimal gerissen.

Die Sponsoren übten offenbar keinen Druck auf sie aus. Heike Henkel: »Im Gegenteil, die haben mich ganz herzlich empfangen und mir viel Verständnis für meine Entscheidung entgegengebracht.« Beschlossen wurde die Absage im kleinen Kreis: Ehemann und Manager Rainer Henkel sowie der Arzt empfahlen ihr behutsam, wogegen sie sich so verzweifelt gestemmt hatte. Heike: »Ich saß erst einmal da und war völlig ratlos, weil ich so zuversichtlich und glücklich darüber hingefahren war, daß ich im Finale war.«

Müde wirkte sie, aber vielmehr froh als niedergeschlagen: So sehen Menschen aus, die nach einem schwierigen Entschluß sehr erleichtert sind. Heike Henkel: »Es hätte mir vielleicht mehr geschadet, wenn ich einen schlechten Wettkampf gezeigt hätte und deprimiert weggegangen wäre. Das hätte ich in Zukunft vielleicht immer mit mir rumgetragen.«

Die Zukunft war Heike Henkel in Stuttgart schon viel näher als die Vergangenheit. Olympiasieg 1992, WM-Gewinn 1991, Hallen-Weltrekord, dazu ein Jahr 1992 mit einer glänzenden Siegesserie lagen hinter ihr – aber auch die ernüchternde Erkenntnis in dieser Saison, daß ein Jahrzehnt Hochleistungssport Spuren hinterläßt. Der Arzt sagte: »Die Verletzung ist keine Entzündung, sondern eine Verschleißerscheinung.« Abnutzung ist, wenn überhaupt, schwerer zu regenerieren als eine akute Verletzung. Doch mit dem Gedanken an einen Abschied vom Hochsprung wollte Heike Henkel sich an diesem Tag nicht vertraut machen. Die vielen Pläne, die die Grafik-Design-Studentin und werdende Mutter beruflich wie privat schon länger für das Leben danach schmiedet, verblaßten vor dem dringenden Wunsch, das Comeback zu schaffen. Sie werde Pause machen und sei »zuversichtlich, bei vernünftiger Pflege meiner Füße« wieder springen zu können.

Der WM-Verzicht Heike Henkels beschrieb den bedauernswerten, aber vernünftigen Abgang einer großen Athletin mit der Sehnsucht nach einer Rückkehr zu einem unbestimmten Zeitpunkt.

Ioamnet Quintero (Kuba), Hochsprung-Weltmeisterin.

Unten: Überglücklich auf dem Treppchen – die Österreicherin Sigrid Kirchmann (Bronze).

Frauen: Hochsprung

Eine Medaille für Österreich

Ioamnet Quintero wußte, daß sie nur eine Chance hatte, die Namen der Abwesenden Heike Henkel und Stefka Kostadinowa aus dem Blickfeld zu löschen: Ein Sieg in dünner Höhenluft. Die 20jährige Kubanerin stand mit 1,99 Metern als Gewinnerin fest und ließ die Latte mit 2,05 Meter auf Jahresweltbesthöhe legen. – Zu hoch an diesem Tag. Silber gewann Ioamnet Quinteros Teamkollegin Silvia Costa. Die 29jährige erfuhr in Stuttgart ein spätes Glück: In der Bestenliste aus dem Jahr 1989 mit 2,04 Meter weit oben vermerkt, kehrte sie nach einer Baby-Pause 1990 auf die Bühne des Sports zurück und mußte sich noch im Herbst darauf wieder unglücklich verabschieden: Ein Bänderriß stoppte ihre Karriere. Der neue Anlauf, der bei Olympia mit dem sechsten Platz begann, wurde in Stuttgart versilbert.

Neben den beiden Kubanerinnen stand eine überglückliche junge blonde Frau aus Österreich auf dem Treppchen. Die ehemalige Siebenkämpferin Sigrid Kirchmann (27) aus Bad Ischl schaffte alles auf einmal: 1,97 Meter, Landesrekord, Bronze – und damit die einzige Medaille für ihr Team.

Hochsprung Frauen

Finale am 21. 8. 1993

1. Ioamnet Quintero (Kuba) 1,99
2. Silvia Costa (Kuba) 1,97
3. Sigrid Kirchmann (Österreich) 1,97

Ein Goldschatz kehrt zurück

Alles war wie damals, 1986 – nur noch ein bißchen schöner. Heike Drechsler kehrte nach Stuttgart zurück, und die Wiedersehensfreude war auf beiden Seiten groß: bei der Weitspringerin und ihrem Publikum.

»Diese Schwaben...« Sie konnte es gar nicht fassen und hatte doch insgeheim gehofft, daß man ihr einen herzlichen Empfang bereiten würde. »Heike, Heike, Heike« – ein 50000 Menschen umfassender Chor skandierte ihren Namen vor und nach jedem Sprung, und als der Goldschatz der Nation wieder Weltmeisterin war und beschreiben sollte, wie sie das empfunden hatte, suchte sie die ganze Palette einigermaßen treffender Vokabeln durch: »rührend, gigantisch, beeindruckend, einfach toll.«

Sie fieberten mit, feuerten an und freuten sich, aber in Wirklichkeit hatte niemand daran gezweifelt, daß Heike Drechsler zehn Jahre nach ihrem ersten WM-Erfolg 1983 in Helsinki den Titel zurückerobern würde. Selbstbewußt, an Jahren und Erfahrung gereift und in zehn Jahren Spitzensport an Druck gewohnt, ging sie ihre große Aufgabe an. Im ersten Versuch hob sie soweit vor dem Balken ab, daß nur 6,79 Meter gemessen wurden und die Ukrainerin Larisa Bereschnaja die Führung übernehmen konnte. Doch danach kam die Favoritin in Tritt: 7,09 – 6,83 – 7,11 – 7,10 – 7,09. Alle Sieben-Meter-Sprünge hätten zum Titel gereicht. Larisa Bereschnaja (6,98) und die Überraschungs-Dritte Renata Nielsen (6,76) aus Dänemark blieben unterhalb der magischen Marke. Daß Jakkie Joyner-Kersee, der sie den letzten Weltmeistertitel in Tokio überlassen mußte, in Stuttgart zugunsten des Siebenkampfs auf den Weitsprung verzichtete,

Weitsprung Frauen

Finale am 15. 8. 1993

1. Heike Drechsler (Jena) 7,11
2. Larisa Bereschnaja (Ukraine) 6,98
3. Renata Nielsen (Dänemark) 6,76

nahm ihrem Sieg keinen Glanz. Zu sehr hat die blonde Deutsche den Weitsprung in den vergangenen zwei Jahren dominiert. »Titel ist Titel«, sagte sie – und die Zuschauer sahen das genauso.

Minutenlang feierten sie ihren Liebling so euphorisch, daß Heike Drechsler nicht mehr wußte, wie ihr geschah. Dabei geschah so viel. Monatelang hatte die 28jährige unter dem Eindruck der Doping-Diskussion und dem Rechtsstreit gegen die Doping-Autorin Brigitte Berendonk das Gefühl bekommen, in Deutschland nicht mehr gerne gesehen zu sein. Ihr Wohlbefinden litt gewaltig unter den Doping-Diskussionen um die ehemaligen DDR-Sportler, zu denen sie nun einmal gehört. Sie dachte daran, vielleicht ins Ausland zu gehen. Angebote lagen vor.

Doch manchmal braucht der Verstand einen Kick des Herzens, um die richtige Orientierung wiederzufinden. Bewegende Momente bewegen oft mehr als rationale Überlegungen.

Heike Drechsler: »Nach diesem Wettkampf war auf einmal klar für mich, daß ich in Deutschland bleiben und trainieren werde und der Jugend ein Vorbild sein will.« Heike Drechsler hat in Stuttgart heimgefunden. Das hat eine Vorgeschichte – sie haben ein besonderes Verhältnis zueinander, die Stuttgarter und die Jenaerin.

Die Gedanken flogen zurück: Europameisterschaft 1986. Sie war der Vorzeige-Star des DDR-Teams und gewann Gold im Weitsprung und über 200 Meter für den Arbeiter- und Bauernstaat; aber die Zuschauer im Westen umarmten sie, als sei sie eine der ihren. Erinnerungen: »Alle Leute waren so unglaublich nett zu mir. Das hat mich zum erstenmal richtig locker gemacht. Ich hatte plötzlich das Gefühl, so reden zu können, wie ich dachte. Es war, als gäbe es keine Barrieren. Nur genau das konnte ich damals natürlich nicht sagen.« So etwas vergißt man nicht.

Als 18jährige gewann sie, die damals noch Heike Daute hieß und an alles glaubte, was dem alten System heilig war, in Helsinki ihren ersten Weltmeistertitel. In den Jahren danach wurde sie neben erfolgreichen Sprint-Einsätzen zur Serien-Heldin in Sachen Weitsprung. Sie sammelte Medaillen wie andere Leute Briefmarken: WM-Bronze in Rom 1987, Silber in Tokio 1991, Europameisterin 1986 sowie 1990 und schließlich der Olympiasieg in Barcelona. Nur die Babypause im Jahr 1989 raubte ihr

ein erfolgreiches Sportjahr – schenkte ihr aber statt dessen ihren Sohn Tony als hundertprozentiges Glück. »Wenn ich das Gefühl hätte, daß mein Kind oder die Familie unter meinem Sport leiden, würde ich sofort aufhören.« Aber die Familie hat genügend Sportsgeist, um die großen Sprünge nach Kräften zu unterstützen: Ehemann Andreas war Fußballprofi, Schwiegervater Erich Drechsler ist ihr Heim- und Bundestrainer. Und Tony ist bei der Oma bestens aufgehoben, wenn Mama unterwegs ist.

Aus der Vorzeige-Frau des DDR-Sports ist eine Geschäftsfrau in eigener Sache geworden. Mit beiden Beinen voraus hat Heike Drechsler den Sprung über die Mauer nach der Wende vollzogen, ohne

Die Berlinerin Susen Tiedtke rutschte mit mäßigen 6,54 Metern im Weitsprung früh aus dem Blickfeld.

spartanisch war, winkte sie bloß ab und zog ihrerseits eben dort ein. »Ich weiß gar nicht, worüber die sich aufregen. Ich finde das alles gut. Außerdem: Hier finde ich die Atmosphäre, die ich mag. Allein im Hotel? Nein, danke.«

Die Tatsache, daß von den anderen Weitspringerinnen in Stuttgart so wenig die Rede war, lag an zweierlei: Einmal rutschte Susen Tiedtke, die 24jährige Deutsche Meisterin aus Berlin, mit mäßigen 6,54 Metern früh aus dem Blickfeld, weil sie damit den Endkampf nicht erreichte. Zum anderen fehlte eine Gegenspielerin mit ähnlichem Charisma. Larisa Bereschnaja aus Kiew, 1991 WM-Dritte in Tokio, fügte sich froh in ihr Schicksal, Zweite zu sein: »Ich bin sehr zufrieden. Heike ist die weitaus Beste von uns.« Die Dritte im Medaillen-Bunde konnte wunderbar damit leben. Renata Nielsen erlebte den glücklichsten Moment ihres Lebens. Die 27jährige, in Polen geborene Dänin war Olympia-Elfte in Barcelona und mit einer Bestleistung von 6,86 Metern nach Stuttgart gekommen. Daß sie als Bronzemedaillengewinnerin nach Hause fahren würde, hatte sie nicht zu träumen gewagt. Renata Nielsen: »Ich bin völlig überrascht.«

Überraschungserfolg und Favoritensieg: Jeder birgt sein eigenes Glück.

Und es begann mit einem Weltrekord

Die Bronzemedaillengewinnerin Iva Prandzheva (Bulgarien) fand die treffendsten Worte, als sie schwärmte: »Was für ein Einstand in die große Welt der Leichtathletik.«

Sie meinte nicht sich selbst, obwohl sie mit Landesrekord und 14,23 Metern Edelmetall gewann. Sie meinte die Premiere des Frauen-Dreisprungs im Weltmeisterschafts-Programm. So jung, so frisch: Die Damen füllten ein weißes Blatt Papier gleich mit einem Weltrekord. Mit 15,09 Metern landete die Russin Ana Biryukowa als erste Dreispringerin bei den ersten Weltmeisterschaften ihrer Sportart jenseits

lange zurückzuschauen. Dem blendend laufenden ersten Sportgeschäft in Jena soll bald ein zweites folgen. »Früher gab es ein Taschengeld«, sagt sie. »Daß man jetzt die Chance wahrnimmt, Geld zu verdienen, ist doch nur normal.«

In Stuttgart hat sie die Kapitaleinlage erhöht, aber solche nüchternen Worte werden Heike Drechsler nicht gerecht. Ihr heiteres, unkompliziertes und sonniges Wesen kommt an, weil man spürt, daß sie sich dabei nicht verstellen muß. Das ist keine Image-, sondern eher eine Charakterfrage. Als sie hörte, daß einige Stars ihrer Kategorie in Luxushotels umgezogen sind, weil ihnen die Unterkunft im Athletendorf zu der 15-Meter-Marke und angelte Gold aus der Sandgrube. Silber ging an ihre Teamkollegin Yolanda Chen (14,70). Überglücklich erzählte die Siegerin, daß sie bisher nur an Weitsprung-Wettbewerben teilgenommen habe. Aber sie wußte auch um ihre Chance in der jungfräulichen Disziplin. Die 26jährige: »Ich wußte, daß alles, was ich brauchte, Gesundheit und eine gute, konzentrierte Vorbereitung war. Ich bin glücklich, in diesem noch jungen Sport in die Geschichte einzugehen.« Die Rostockerin Helga Radtke wurde mit

14,19 Metern Fünfte, war »sehr zufrieden« und fühlte die Anerkennung der Fans: »Ein besseres Publikum hätte ich mir für unseren Wettbewerb nicht wünschen können.«

Dreisprung Frauen

Finale am 21. 8. 1993

1. Ana Biryukowa (Rußland) 15,09 (WR)
2. Yolanda Chen (Rußland) 14,70
3. Iva Prandzheva (Bulgarien) 14,23

WR = Weltrekord

Die Rostockerin Helga Radtke war mit ihrem fünften Platz im Dreisprung der Frauen sehr zufrieden.

Silke Renk: »Wenn man weiß, daß man auf das Glück angewiesen ist, weil der Körper nicht mitspielt, können die Muskeln nicht locker sein.«

Seite 110/111: Silber im Speerwerfen für Karen Forkel.

Karen Forkel im Glück: Silber

Nichts ist einfacher, als auf die Sieger zu blicken: auf ihr Glück, ihr Lachen, ihren Jubel. Der gebannte Blick, mit dem Karen Forkel diesem Speer nachschaute, der weiter und weiter und weiter segelte und sich deutlich jenseits der 65-Meter-Marke in den Rasen bohrte. Schließlich die unbeschreibliche Freude, in die sich die Anspannung auflöste, als die Weite auf der elektronischen Tafel aufleuchtete, 65,80 Meter. So weit hatte sie in diesem Jahr noch nie geworfen. Und nur eine andere Konkurrentin überflügelte sie an diesem Schlußtag der Weltmeisterschaften in Stuttgart: Silber für Karen Forkel.

Nichts ist schwieriger, als auf eine Verliererin zu blicken: auf ihre Enttäuschung, ihre Trauer, ihre Tränen. Silke Renk hoffte vergeblich darauf, daß ihr auch nur ein ähnlich guter Wurf gelingen würde wie ein Jahr zuvor in Barcelona. Die Olympiasiegerin ging mit einer Bestweite von 64 Metern als Sechste nach Hause. Karen Forkel: »Ich habe noch versucht, sie zu trösten, aber es ist bitter, wenn man als Olympiasiegerin nicht einmal aufs Treppchen kommt.«

Bitter ist das Gefühl, wie vergänglich der Ruhm ist, und wie schnell er vollends wegschmilzt, wenn eine andere die Rolle übernimmt. Ein Jahr zuvor in Barcelona hatten sie noch zusammen gefeiert. Es gibt Fotos, in denen sie verschmitzt ihre Medaillen angrinsen: Silke Renk die goldene, Karen Forkel die Bronzene. Beide sind sie aus Halle, beide trainieren sie bei Maria Ritschel. Die Trainerin wußte gar nicht, wie sie ihre Gefühle teilen sollte: Hier jubeln, dort trösten. Das ist nicht so einfach.

Beide hatten ihre Probleme gehabt. Silke Renk hatte mehr zu verteidigen und geriet

Speerwerfen Frauen

Finale am 22. 8. 1993

1. Trine Hattestad (Norwegen) 69,18
2. Karen Forkel (Deutschland) 65,80
3. Natalja Shikolenko (Weißrußland) 65,64

deswegen unter größeren Druck. Als sie vor dem WM-Auftakt freudig erregt auf die Hoffnung eines Titelgewinns angesprochen wurde, sagte sie: »Das ist ein bißchen unfair.« Sie erzählte von den Blessuren; davon, daß immer »wenn ich dachte, es geht voran«, wieder neue Wehwehchen aufgetaucht seien. Silke Renk zu ihrem Tagespensum: »Vier Stunden bin ich im Training und fünf Stunden bin ich in Behandlung.«

Karen Forkel hatte weniger zu verlieren, denn im Glanz des Goldes der Vereinskameradin war sie mit ihrer Bronzemedaille ohnehin nie so richtig in Erscheinung getreten. Trotzdem ging sie hibbelig und kribbelig in den Wettkampf von Stuttgart. Nach der Qualifikation ging erst einmal ein kräftiges Wortgewitter ihrer Trainerin über sie nieder, von dem sie später als reinigendes Unwetter berichtete. Karen Forkel: »Ich war so übernervös. Es war richtig, mich mal zusammenzustauchen.« Das sagt sich leicht, wenn die Erziehungsmaßnahme von Erfolg gekrönt wird. Der erste Versuch ging daneben – ungültig. Im zweiten landete der Speer bei 60,78 Meter, der dritte war dann der entscheidende Versuch: 65,80 Meter. Nach 61,88 und 65,04 Metern packte sie ein und ließ den letzten Durchlauf aus. Die Schmerzen in der Schulter des Wurfarms stachen wieder wie Feuer. Gerade mal drei Versuche lang hatten die schmerzstillenden Injektionen des Arztes gehalten. Lange genug. »Von einer Silbermedaille«, bekannte sie später, »habe ich nach all den gesundheitlichen Problemen nicht einmal zu träumen gewagt.«

1990 war Karen Forkel in Split strahlende Europameisterin, 1991 schaffte sie mit 70,20 Metern ihre persönliche Bestleistung, schied aber bei den Weltmeisterschaften in Tokio im Vorkampf aus. 1992 gewann sie Bronze in Barcelona. Anschließend legte die schwere Schulterverletzung den Wurfarm lahm – fünf Monate Trainingspause. Sie rechnete kurz nach: »Mir fehlen 6000 Würfe im Training.« Statt der sonst in dieser Zeit üblichen 8000 konnte die Wirtschaftsinformatikstudentin nur 2000 absolvieren. Masse macht nicht immer Klasse. Der 2001. brachte ihr Silber.

Gold gewann die Norwegerin Trine Hattestad. Der erste Wurf der 27jährigen über 69,18 Meter war auch von der mitfavorisierten Weißrussin Natalja Shikolenko nicht zu übertreffen.

Vorstoß – trotz Carl und Heike

Gerne hätte sie ein wertvolles Edelmetall gewonnen, aber schließlich war sie wieder wie in Barcelona auch mit Bronze sehr froh. Denn wann erleben Kugelstoßerinnen schon einmal, daß das Publikum sie selbst dann nicht übersieht, wenn auf der einen Seite des Stadions Carl Lewis rennt und gegenüber Heike Drechsler um den Titel springt. »So etwas«, sagte Kathrin Neimke nach ihrem dritten Platz im Kugelstoßen erstaunt und sehr glücklich, »ist mir noch nie passiert. Man hat gemerkt, daß die Zuschauer Ahnung haben; sie sind bei jedem Versuch mitgegangen.«

Nun sorgte sie natürlich selbst dafür, daß die Zuschauer im Gottlieb-Daimler-Stadion ein Auge auf sie warfen: Die 27jährige Magdeburgerin wuchtete die Kugel ganz entgegen ihrer sonstigen Gewohnheit gleich im ersten Durchgang auf 19,71 Meter hinaus – und das reichte für den Platz auf dem Treppchen.

Schließlich wurde sie sogar zweimal geehrt: Beim ersten Versuch ihrer Siegerehrung versagte der Motor am Fahnenmast. Doch die Veranstalter wollten Flagge zeigen und wiederholten die Zeremonie zwei Tage später.

Die Zimmer-Fete hatte da inzwischen schon stattgefunden: Im Athletendorf mit Schampus aus dem Pappbecher. Der Lohn für die Leistung: 7500 Mark Prämie von der Sporthilfe. »Leben«, sagt Kathrin Neimke, »kann man vom Kugelstoßen nicht.« Sie war 1987 in Rom schon Vize-Weltmeisterin, gewann Silber in Seoul 1988 und Bronze in Barcelona – aber Medaillen sind nicht in allen Disziplinen Mark und Pfennig wert. Kathrin Neimke verdient ihren Lebensunterhalt als Reprofotografin bei einer Magdeburger Zeitung.

26 Zentimeter weiter als die Deutsche Meisterin stieß die russische Olympiasiegerin Swetlana Kriveljova (19,97 Meter) und mußte doch der Titelverteidigerin erneut Gold überlassen. Zhihong Huang aus China gewann mit 20,57 Metern. Nur zur besseren Einschätzung der Lage: Auch die starken Frauen haben leistungsmäßig abgespeckt. Der Weltrekord von Natalia Lisowskaja aus dem Jahr 1987 steht bei 22,63 Metern. Dopinggegner sagen in solchen Fällen: Rückschritt ist Fortschritt ...

Wyludda: Es hat nicht sollen sein

Natürlich spornt auch der letzte Funken Hoffnung an. Und natürlich ist man enttäuscht, wenn er dann doch nicht die notwendige Leistung zündet. Ein Patellasehnenanriß hatte Ilke Wyludda (24) aus Halle von März an zu einer langen Trainingspause gezwungen; erst im letzten Moment konnte sie auf den WM-Zug aufspringen. Überglücklich war sie, als sie in der Qualifikation mit 64,02 Metern deutsche Jahresbestleistung erzielte – und dann die Ernüchterung: Die Europameisterin und Vize-Weltmeisterin von 1991 schied mit 60,42 Metern im Vorkampf des Diskus-Finales aus. »Hoffentlich fehlen mir nicht im entscheidenden Augenblick die sechs Wochen, die ich durch die Verletzung verloren habe«, hatte sie zuvor orakelt.

Die Berlinerin Anja Gündler (21) packte die Scheibe bester Dinge ein: 62,80 Meter in der Qualifikation bedeuteten persönliche Bestleistung, die Steigerung auf 62,92 Meter im Finale Platz fünf. Franka Dietzsch (Neubrandenburg) wurde mit 62,06 Metern Achte. Gold gewann überraschend die Russin Olga Burowa (29) bei ihrer späten WM-Premiere mit 67,40 Metern.

Kugelstoßen Frauen

Finale am 15. 8. 1993

1. Zhihong Huang (China) 20,57
2. Svetlana Kriveljova (Rußland) 19,97
3. Kathrin Neimke (Magdeburg) 19,71

Diskuswerfen Frauen

Finale am 19. 8. 1993

1. Olga Burowa (Rußland) 67,40
2. Daniela Costian (Australien) 65,36
3. Chunfeng Min (China) 65,26

Jackie Joyner-Kersee im Siebenkampf über 100 m Hürden: »Ich kam vom Startblock gut weg, nur mein Finish war nicht besonders.«

Sabine Braun: »Ich glaube, 1,93 Meter wären noch drin gewesen.«

Sandkastenspiele

Beim gemeinsamen Gipfelsturm des deutschen Siebenkampf-Teams sind die beiden anderen neben Sabine Braun ein Stück weiter unten hängengeblieben. Birgit Clarius landete nach einem gelungenen ersten Tag nur einen gültigen Weitsprung-Versuch bei mäßigen 5,64 Metern und verdarb sich damit alle Chancen auf eine insgeheim vielleicht erhoffte Medaille. Clarius: »Am liebsten hätte ich in den Sand gebissen.« Statt dessen biß sie auf die Zähne, warf den Speer tolle 53,44 Meter weit und verabschiedete sich in glänzenden 2:10,00 Minuten als Gesamt-Achte von dem Publikum, von dem sie sagte: »Das holt alles aus dir raus.« Beatrice Mau setzte alle drei Weitsprung-Versuche in den Sand: salto nullo. Aber nach dem Speerwurf (48,86 Meter) verschaffte auch sie sich in 2:12,91 Minuten einen sehr schnellen und deshalb versöhnlichen Abgang bei ihrer ersten WM-Teilnahme.

Frauen: Siebenkampf

Sabine Braun: Silber, das Gold wert war

Multitalent: Jackie Joyner-Kersee

Jackie Joyner-Kersee (USA), geboren am 3. März 1962. Maße: 1,78 m, 70 kg. Größte Erfolge: 1992 Olympiasiegerin (Bronze Weitsprung), 1988 Olympiasiegerin Siebenkampf und Weitsprung, 1984 Siebenkampf-Silber, 1991 Weitsprung-Weltmeisterin, 1987 Weltmeisterin Siebenkampf und Weitsprung. Champion-Spruch: »Just do it…«

Was für ein verrückter Wettbewerb: Zwei Tage lang absolvierten die Mehrkämpferinnen sechs Disziplinen, erlebten Hochs und Tiefs, Hoffnung und Verzweiflung – und dann war die Situation vor dem siebten und letzten Streich genauso offen wie vor dem ersten Start: Mit dem hauchdünnen Vorsprung von sieben Punkten und umgerechnet 0,5 Sekunden ging Sabine Braun in den abschließenden 800-Meter-Lauf des Siebenkampfs. Doch im alles entscheidenden Endspurt um den WM-Titel war die Olympiasiegerin schneller. Jackie Joyner-Kersee ließ sich in Stuttgart mit 6837 Punkten als Siegerin feiern. Sabine Braun hatte der Favoritin ein großes Duell geliefert und mit 6797 Punkten den spannenden Kampf versilbert. Bronze gewann die Weißrussin Svetlana Buraga (28) mit 6635 Punkten.

Zwei Taktiken standen für Sabine Braun zur Auswahl: »Entweder nach vorne weglaufen und warten, wo sie bleibt – oder hinten dranhängen und sie nicht weglaufen lassen.« Da in diesem Fall die Taktik von der Gegnerin über den Haufen geschmissen wurde, mußte sie sich an die dritte Philosophie erinnern: »Augen zu und durch…« – Als die Wattenscheiderin die Augen wieder aufmachte, hatte sie WM-Silber in den Händen, aber ihr großer Traum war nicht in Erfüllung gegangen. Sie ist Europameisterin, war Weltmeiste-

rin, aber die Königin des Siebenkampfs konnte die 28jährige wieder nicht vom Thron holen.

Allerdings hat sie nie zuvor so vehement daran gerüttelt. Der neue Mut wuchs trotzig aus der Enttäuschung der hauchdünnen Niederlage heraus: »Das knappe Ergebnis macht die Silbermedaille sehr wertvoll für mich. Ich glaube wirklich, daß ich Jackie schlagen kann.« Das fürchtet Jackie Joyner-Kersee mittlerweile auch: »Nie war ich in einer so bedrängten Lage wie diesmal. Es ist bedauerlich, daß eine von uns verlieren mußte.« Natürlich war sie um so glücklicher, daß sie es nicht war, trotz »einiger schlimmer Fehler«. Beide saßen erschöpft vor den Journalisten. Bob Kersee fächelte ihnen frische Luft zu, und seine Gattin sprudelte nur so vor wortreichem Glück. Profi, der sie ist, baute sie auch noch den Slogan ihrer Ausrüsterfirma werbeträchtig ein: »Als es nicht so gut lief, habe ich immer daran gedacht: Just do it.« Mach's einfach. Sabine Braun dachte genauso, »nur hat es bei mir nicht so gut geklappt«.

Ein Küßchen von Weltmeister Lars Riedel, ein kräftiger Schluck Bier aus der Flasche – nur eines war noch nicht »gegessen«: der Weitsprung-Wettbewerb. Wildwest im Stadion: Der Kampfrichter hatte Sabine Brauns dritten und letzten Versuch für ungültig erklärt. Trainerin Gertrud Schäfer sah die rote Flagge und tobte wie von der Tarantel gestochen über die Tribüne. Ein Pfeifkonzert der solidarischen Zuschauer ergoß sich über dem leichenblassen Mann an der Grube. Volkes Seele kochte, und Gertrud Schäfer kochte über: »So weit sind wir schon, daß einem so was sogar im eigenen Land passiert.«

Man erwog einen Protest, doch im besten Fall hätte Sabine Braun ein viertes Mal am Nachmittag springen dürfen. Das lehnte sie wegen der Vorbereitung auf die nächste Übung ab. Sabine Braun: »Bitter war es schon, zumal sich hinterher herausgestellt hat, daß der Versuch wirklich gültig war.« Die ganze Aufregung war deswegen so groß, weil der letzte Sprung nach Ansicht ihrer Trainer noch weiter als ihr bester gültiger 6,54-Meter-Sprung war. Die Wette war nicht einzulösen: Die fleißigen Helfer hatten die Sandgrube sofort nach dem Sprung wieder zugehakt. Die Vize-Weltmeisterin selbst machte später den Spekulationen ein Ende, als sie sagte: »Ich glaube, auch der andere Sprung hätte nicht gereicht, um Jackie zu schlagen.«

Wildwest im Stadion: Der Kampfrichter erklärte Sabine Brauns dritten und letzten Weitsprungversuch für ungültig…

Siebenkampf Frauen

Finale am 16./17. 8. 1993

1. Jackie Joyner-Kersee (USA) 6837
   12,98 1,81 14,38 23,19 7,04 43,76
   2:14,49
2. Sabine Braun (Wattenscheid) 6797
   13,25 1,90 14,62 24,12 6,54 53,44
   2:17,82
3. Svetlana Buraga (Weißrußland) 6635
   12,95 1,84 14,55 23,69 6,58 41,04
   2:13,65

(100 m Hürden / Hochsprung / Kugelstoßen / 200 m / Weitsprung / Speerwerfen / 800 m)

Wegen ihrer sportlichen Beurteilung der Vorgänge um ihren angeblich ungültigen letzten Weitsprungversuch wurde die Silbermedaillengewinnerin Sabine Braun für den Fairplay-Preis vorgeschlagen – kleiner Trost für eine große Leistung. Unter den beiden Rivalinnen selbst herrschte Einigkeit: »Wir haben einen wunderbaren Wettkampf gezeigt.«

Schritt für Schritt: Sabine Braun

100 m Hürden (13,25 Sekunden): »Es war nicht gerade der Auftakt, den ich mir für einen solchen Wettkampf vorgestellt hatte.«

Hochsprung (1,90 Meter): »Ich glaube, 1,93 Meter wären noch drin gewesen. Aber der Wettkampf dauerte fast zweieinhalb Stunden – da war es irgendwann einfach aus.«

Kugelstoßen (14,62 Meter): »Fast mein persönlicher Rekord.«

200 Meter (24,12 Sekunden): »Auch nicht schlecht, aber kein Rekord...«

Weitsprung (6,54 Meter): »Eine traurige Geschichte. Es hat sich doch gezeigt, daß der Versuch regulär war.«

Speerwerfen (53,44 Meter): »Super, wunderbar.«

800 Meter (2:17,82 Minuten): »Die 800 Meter tun immer weh. Es ist die härteste von allen Disziplinen. Ich habe alles gegeben, es hat halt nicht ganz gereicht.«

Schritt für Schritt: Jackie Joyner-Kersee

100 m Hürden (12,89 Sekunden): »Das war in Ordnung. Ich kam gut vom Startblock weg.«

Hochsprung (1,81 Meter): »Schrecklich. Von da an ging's bergab.«

Kugelstoßen (14,38 Meter): »Fürchterlich. Ich wollte nur Punkte sammeln und den Abstand nicht zu groß werden lassen.«

200 Meter (23,19 Sekunden): »Damit war ich zufrieden. Die beiden vorausgegangenen Disziplinen waren so schlimm, daß mir die 200 Meter geholfen haben.«

Weitsprung (7,04 Meter): »Das war okay. Ich hätte allerdings weiter springen können.«

Speerwerfen (43,76 Meter): »Wieder mißraten...«

800 Meter (2:14,49 Minuten): »Alles Taktik. Ich wußte, daß ich zurücklag und alles geben mußte, um zu gewinnen.«

...obwohl auf der Kunststoffmasse des Absprungbretts kein Abdruck zu erkennen war. Braun: »Bitter war es schon.«

Alles in allem...

Sie liefen hinterher. Sie sprangen und warfen nicht weit genug. Und an Medaillen haben sie nicht einmal in ihren kühnsten Träumen gedacht. Aber sie waren zufrieden, hochzufrieden sogar. Wer könnte den vielen deutschen Athleten böse sein, die bei diesen Titelkämpfen nur das getan haben, was man von ihnen auch verlangen darf: Bestleistungen erbringen und warten, wo man damit im Endklassement landet. Es ist noch gar nicht lange her, da wurden sie als »Mitläufer« beschimpft, als »WM-Touristen« diffamiert. In die Arena kommen, das Beste geben und dann an den Pranger gestellt zu werden. Diese Zeiten sind vorbei.

Die neue Lust an der Leichtathletik, nirgends war sie deutlicher zu spüren als bei den DLV-Startern, die in Stuttgart »nur« Fünfter, Siebter oder Zehnter wurden. Oder Finale und Endlauf verpaßt haben, obwohl sie so gut waren wie nie zuvor. »Jetzt bin ich einfach nur glücklich...«, sagte zum Beispiel der Göppinger Zehnkämpfer Michael Kohnle strahlend, nachdem er den besten zweiten Tag seiner Karriere erlebt hatte und Neunter wurde.

Sicher: Das Stuttgarter Publikum, das jeden Sportler mit Begeisterung im Gottlieb-Daimler-Stadion begrüßte, trug einen großen Teil zur Glückseligkeit bei. Da war aber noch etwas, das die »glücklichen Mitläufer« so selbstsicher auftreten ließ. Der 3000-Meter-Hindernisläufer Steffen Brand aus Wattenscheid brachte es auf den Punkt: »Wir haben Vertrauen in den Verband. Es macht Spaß, in der Nationalmannschaft zu stehen.« Das DLV-Präsidium wird das überschwengliche Lob mit Freude zur Kenntnis genommen haben.

Dabei ist es noch gar nicht so lange her, da sah sich DLV-Präsident Helmut Digel gezwungen, die ausgegebene Parole der »sanften Leichtathletik« zurückzunehmen, um nicht als Leistungsgegner dazustehen. Nach der WM-Begeisterung in Stuttgart machte Digel die erstaunliche Erfahrung, daß es genau dieser Ansatz ist, der »von Medien, Wirtschaft und vom Staat akzeptiert wird«. Der entschlossene Kampf gegen Doping erfuhr so bei diesen Titelkämpfen erste Anerkennung. Der DLV verlängerte zwei wichtige Werbeverträge; der WM-Ertrag wird vier Millionen Mark betragen. Irgendwann – das sieht das neue DLV-Konzept vor – sollen sich die »sauberen« Leistungen für die Athleten auch finanziell auszahlen.

Diejenigen, die dabei waren, werden die Tage in der schwäbischen Metropole ohnehin nicht so schnell vergessen. »Das waren die schönsten fünf Minuten meines Lebens, die Stimmung im Stadion ist unbeschreiblich«, schwärmte etwa der Heppenheimer Hürdensprinter Florian Schwarthoff. Und er genoß es sichtlich, daß seine Leistung akzeptiert wurde, ohne daß er gleich erklären mußte, warum's nicht noch schneller ging.

Diskuswerferin Anja Gündler (Berlin) sah sich ebenfalls zu Höchstleistungen angespornt. »Daß ich zweimal meine Bestleistung verbessern konnte und am Ende sogar Platz fünf heraussprang, freut mich unheimlich.« Oder der Stabhochspringer Martin Amann, der nach übersprungenen 5,65 Meter einen Freudentanz vollführte, als habe er soeben den Titel geholt. Am Ende überstand der Stuttgarter nicht einmal die Qualifikation und sprach dennoch von einer »großen Zufriedenheit« – die neue, die saubere Leichtathletik hatte in Stuttgart viele Gesichter.

100-Meter-Sprinter Marc Blume wurde in seinem Vorlauf allein von Carl Lewis überspurtet und scheiterte eine Runde später nur, weil er den schwersten Zwischenlauf erwischt hatte. 10,32 Sekunden, mit dieser Zeit war der Wattenscheider schneller als vier Halbfinalisten. Seine Aufregung hielt sich freilich in Grenzen: »Natürlich gehört auch Glück dazu. Daß ich ins Halbfinale käme, konnte ich ohnehin nicht erwarten, also kann ich sehr zufrieden sein.«

Florian Schwarthoff, Anja Gündler, Martin Amann, Marc Blume und all die anderen – sie standen zwar nicht im Rampenlicht wie ihre Kollegen Medaillengewinner, durften aber zum ersten Mal nach einer Weltmeisterschaft mit dem Gefühl nach Hause fahren, daß sich ihr immenser Trainingsaufwand wirklich gelohnt hat.

Stimmen zur Stimmung:

Juan Antonio Samaranch (IOC-Präsident):
»Das war die beste aller Weltmeisterschaften.«

Christian Schenk (Zehnkämpfer):
»Wir haben ein Gegenbild zu den Fratzen der Skins geliefert.«

Silke Spechiulli (Friseurin im Athletendorf):
»Am liebsten würde ich jetzt Urlaub machen und alle besuchen, die mich eingeladen haben.«

Primo Nebiolo (Präsident des Int. Leichtathletik-Verbandes IAAF):
»Diese WM übertraf unsere kühnsten Erwartungen. Stuttgart hat der Leichtathletik neue Perspektiven eröffnet.«

Manfred Rommel (Stuttgarts Oberbürgermeister):
»Für die Olympischen Winterspiele werden wir uns nicht bewerben.«

Reuter (Großbritannien):
»Ausländerfeindlichkeit war überhaupt nicht spürbar und in Diskussionen auch kein Thema.«

L'Equipe (Frankreich):
»Die Welt sah große Leistungen und eine phantastische Atmosphäre. Die vielen anwesenden IOC-Mitglieder erhielten eine starke Inspiration für Berlin.«

Stuttgarter Nachrichten:
»Den Zuschauern aus Wanne-Eickel, New York, Timbuktu, Plauen, Paris oder Bischofswiesen sei gesagt: Eine Woche lang als temperamentvoller Schwabe bezeichnet zu werden, hinterläßt keine Spätschäden.«

Statistik

Leichtathletik-WM 1993 in Stuttgart

(13. bis 22. August)

MÄNNER

100 m

1. Linford Christie (GB) 9,87 (ER)
2. André Cason (USA) 9,92
3. Dennis Mitchell (USA) 9,99

4. Carl Lewis (USA) 10,02
5. Bruny Surin (Kanada) 10,02
6. Frank Fredricks (Namibia) 10,03
7. Daniel Effiong (Nigeria) 10,04
8. Raymond Stewart (Jamaika) 10,18

Ausgeschieden im Zwischenlauf: 5. Marc Blume (Wattenscheid) 10,32

200 m

1. Frank Fredericks (Namibia) 19,85
2. John Regis (GB) 19,94
3. Carl Lewis (USA) 19,99

4. Mike Marsh (USA) 20,18
5. Dean Capobianco (Australien) 20,18
6. Jean-Charles Trouabal (Frankreich) 20,20
7. Emmanuel Tuffour (Ghana) 20,49
8. Damien Marsh (Australien) 20,56

Ausgeschieden im 1. Vorlauf: 4. Björn Sinnhuber (Mannheim) 20,99 – im 5. Vorlauf disqualifiziert: Michael Huke (Wattenscheid) – ausgeschieden im 1. Halbfinale: 6. Robert Kurnicki (Wattenscheid) 20,67

4×100 m

1. USA 37,49
   (Drummond, Cason, Mitchell, Burrell)
2. Großbritannien 37,77 (ER)
   (Jackson, Jarrett, Regis, Christie)
3. Kanada 37,83
   (Esmie, Gilbert, Surin, Mahorn)

4. Kuba 38,39
5. Australien 38,69
6. Deutschland (Blume, Kurnicki, Huke, Görmer) 38,78
7. Elfenbeinküste 38,82
8. Schweden 39,22

400 m

1. Michael Johnson (USA) 43,65
2. Butch Reynolds (USA) 44,13
3. Samson Kitur (Kenia) 44,54

4. Quincy Watts (USA) 45,05
5. Sunday Bada (Nigeria) 45,11
6. Gregory Haughton (Jamaika) 45,63
7. Simon Kemboi (Kenia) 45,65
8. Kennedy Ochieng (Kenia) 45,68

Ausgeschieden im Halbfinale: 8. Rico Lieder (Chemnitz) 45,75

4×400 m

1. USA 2:54,29 (WR)
   (Andrew Valmon, Quincy Watts, Butch Reynolds, Michael Johnson)
2. Kenia 2:59,82
   (Kennedy Ochieng, Simon Kemboi, Abednego Matilu, Samson Kitur)
3. Deutschland 2:59,99 (Deutsche JBZ)
   (Rico Lieder, Karsten Just, Olaf Hense, Thomas Schönlebe)

4. Frankreich 3:00,09
5. Rußland 3:00,44
6. Kuba 3:00,46
7. Jamaika 3:01,44
8. Bulgarien 3:05,35

800 m

1. Paul Ruto (Kenia) 1:44,71
2. Giuseppe d'Urso (Italien) 1:44,86
3. Billy Konchellah (Kenia) 1:44,89

4. Curtis Robb (Großbritannien) 1:45,54
5. Hezekiel Sepeng (Südafrika) 1:45,64
6. Freddie Williams (Kanada) 1:45,79
7. William Tanui (Kenia) 1:45,80
8. Tom McKean (Großbritannien) 1:46,17

Ausgeschieden im Halbfinale: 6. Nico Motchebon (Berlin) 1:46,58

1500 m

1. Noureddine Morceli (Algerien) 3:34,24
2. Fermin Cacho (Spanien) 3:35,56
3. Abdi Bile (Somalia) 3:35,96

4. Mohamed Suleiman (Katar) 3:36,87
5. Jim Spivey (USA) 3:37,42
6. Matthew Yates (Großbritannien) 3:37,61
7. Rashid El Basir (Marokko) 3:37,68
8. Mohamed Taki (Marokko) 3:37,76
10. Rüdiger Stenzel (Darmstadt) 3:38,66

Ausgeschieden im 2. Vorlauf: 7. Michael Busch (Kassel) 3:44,03; im 3. Vorlauf: 9. Jens-Peter Herold (Berlin) 3:50,64

5000 m

1. Ismael Kirui (Kenia) 13:02,75 (Junioren-WR)
2. Haile Gebresilasie (Äthiopien) 13:03,17
3. Fita Bayesa (Äthiopien) 13:05,40

4. Worku Bikila (Äthiopien) 13:06,64
5. Khalid Skah (Marokko) 13:07,18
6. Brahim Jabbour (Marokko) 13:18,87
7. Alois Nizigama (Burundi) 13:20,59
8. Paul Bitok (Kenia) 13:23,41

Ausgeschieden im Halbfinale: Rainer Wachenbrunner (Berlin) 13:46,43

10 000 m

1. Haile Gebresilasie (Äthiopien) 27:46,02
2. Moses Tanui (Kenia) 27:46,54
3. Richard Chelimo (Kenia) 28:06,02

4. Stephane Franke (Kornwestheim) 28:10,69
5. Alois Nizigama (Burundi) 28:13,43
6. Francesco Panetta (Italien) 28:27,05
7. Todd Williams (USA) 28:30,49
8. Antonio Silio (Argentinien) 28:36,88

Marathon

1. Mark Plaatjes (USA) 2:13:57
2. Lucketz Swartbooi (Namibia) 2:14:11
3. Bert van Vlaanderen (Holland) 2:15:12

4. Jae-Ryong Kim (Korea) 2:17:14
5. Tadao Uchikoshi (Japan) 2:17:54
6. Konrad Dobler (Germaring) 2:18:28
7. Boniface Merande (Kenia) 2:18:52
8. Aleksey Zhelonkin (Rußland) 2:18:52

110 m Hürden

1. Colin Jackson (GB) 12,91 (WR)
2. Tony Jarrett (GB) 13,00
3. Jack Pierce (USA) 13,06

4. Emilio Valle (Kuba) 13,20
5. Florian Schwarthoff (Heppenheim) 13,27 (Deutsche JBZ)
6. Igor Kasanow (Litauen) 13,38
7. Dietmar Koszewski (Berlin) 13,60
8. Anthony Dees (USA) 14,13

Ausgeschieden im 3. Halbfinale: 6. Eric Kaiser (Wasserburg) 13,64

400 m Hürden

1. Kevin Young (USA) 47,18 (WJBZ)
2. Samuel Matete (Sambia) 47,60
3. Winthrop Graham (Jamaika) 47,62

4. Stephane Diagana (Frankreich) 47,64
5. Erick Keter (Kenia) 48,40
6. Oleg Twerdochleb (Ukraine) 48,71
7. Derrick Adkins (USA) 49,07
8. Barnabas Kinyor (Kenia) 49,23

Ausgeschieden im 2. Halbfinale: 7. Olaf Hense (Dortmund) 50,05

3000 m Hindernis

1. Moses Kiptanui (Kenia) 8:06,36 (WJBZ)
2. Patrick Sang (Kenia) 8:07,53
3. Alessandro Lambruschini (Italien) 8:08,78

4. Matthew Birir (Kenia) 8:09,42
5. Mark Croghan (USA) 8:09,76
6. Steffen Brand (Wattenscheid) 8:15,33
7. Larbi Khattabi (Marokko) 8:17,96
8. Angelo Carosi (Italien) 8:23,42
14. Martin Strege (Kassel) 8:34,31

Ausgeschieden im Vorlauf: 8. Kim Bauermeister (Filder) 8:37,41

20 km Gehen

1. Valentin Massana (Spanien) 1:22:31
2. Giovanni de Benedictis (Italien) 1:23:06
3. Daniel Plaza (Spanien) 1:23:18

4. Jaime Barroso (Spanien) 1:23:41
5. Jewgeni Misjulja (Weißrußland) 1:23:45
6. Sergio Galdino (Brasilien) 1:23:52
7. Robert Ihly (Offenburg) 1:24:21
8. Igor Kollar (Slowakei) 1:24:23

50 km Gehen

1. Jesus Angel Garcia (Spanien) 3:41:41

2. Valentin Kononen
   (Finnland) 3:42:02
3. Waleri Spitzyn (Rußland) 3:42:50

4. Axel Noack (Berlin) 3:43:50
5. Basilio Labrador (Spanien) 3:46:46
6. Rene Piller (Frankreich) 3:48:57
7. Tim Berrett (Kanada) 3:50:23
8. Carlos Mercenario (Mexiko) 3:50:53

Aufgegeben: Hartig Gauder (Erfurt), Ronald Weigel (Berlin)

Hochsprung

1. Javier Sotomayor (Kuba) 2,40
2. Artur Partyka (Polen) 2,37
3. Steve Smith (Großbritannien) 2,37

4. Ralf Sonn (Weinheim) 2,34
5. Troy Kemp (Bahamas) 2,34
6. Hollis Conway (USA) 2,34
7. Arturo Ortiz (Spanien) 2,31
8. Tony Barton (USA) 2,31

Nicht qualifiziert: 8. Hendrik Beyer (Leverkusen) 2,25

Stabhochsprung

1. Sergej Bubka (Ukraine) 6,00
2. Grigori Jegorow (Kasachstan) 5,90
3. Maksim Tarasov (Rußland) und Igor Trandenkow (Rußland) beide 5,80

5. Scott Huffman (USA) 5,80
6. Denis Petuschinski (Rußland) 5,80
7. Valeri Buchrejew (Estland) 5,75
8. Jean Galfione (Frankreich) 5,70

In der Qualifikation gescheitert: 10. Martin Amann (Stuttgart) 5,55, 16. Tim Lobinger (Leverkusen) 5,35, 18. Werner Holl (Stuttgart) 5,25

Weitsprung

1. Mike Powell (USA) 8,59
2. Stanislaw Tarasenko
   (Rußland) 8,16
3. Witali Kirilenko (Ukraine) 8,15

4. Erick Walder (USA) 8,05
5. Iwajlo Mladenow (Bulgarien) 8,00
6. Nikolaj Antonow (Bulgarien) 7,97
7. Alexander Glowatski (Weißrußland) 7,95
8. François Fouche (Südafrika) 7,93

Im Vorkampf ausgeschieden: 9. André Müller (Rostock) 7,83.

Ausgeschieden in der 1. Qualifikation: 16. Konstantin Krause (Wattenscheid) 7,53; in der 2. Qualifikation: 11. Bernhard Kelm (Wasserburg) 7,78

Dreisprung

1. Mike Conley (USA) 17,86 (WJBL)
2. Leonid Woloschin (Rußland) 17,65
3. Jonathan Edwards (GB) 17,44

4. Ralf Jaros (Wattenscheid) 17,34
5. Pierre Camara (Frankreich) 17,28
6. Denis Kapustin (Rußland) 17,19
7. Anisio Silva (Brasilien) 17,19
8. Brian Wellman (Bermuda) 17,12

In der Qualifikation ausgeschieden: 30. Volker Mai (Neubrandenburg) 16,33; 32. Karsten Richter (Rostock) 16,13

Kugelstoßen

1. Werner Günthör (Schweiz) 21,97
   (WJBL)
2. Randy Barnes (USA) 21,80
3. Mike Stulce (USA) 20,94

4. Alexander Bagatsch (Ukraine) 20,40
5. Jewgeni Palschikow (Rußland) 20,05
6. Dragan Peric (Rest-Jugoslawien) 19,95
7. Gert Weil (Chile) 19,95
8. Oliver-Sven Buder (Wattenscheid) 19,74

Im Vorkampf ausgeschieden: 9. Jonny Reinhardt (Wattenscheid) 19,53

Diskuswerfen

1. Lars Riedel (Mainz) 67,72
2. Dimitri Shevchenko
   (Rußland) 66,90
3. Jürgen Schult (Schwerin) 66,12

4. Romas Ubartas (Litauen) 65,24
5. Costel Grasu (Rumänien) 65,24
6. Wladimir Zinschenko (Ukraine) 62,02
7. Nick Sweeney (Irland) 61,66
8. Wasili Kaptjuch (Weißrußland) 61,61

Im Vorkampf ausgeschieden: 9. Mike Buncic (USA) 61,06; 10. Luis Delis (Kuba) 60,76; 11. Anthony Washington (USA) 60,72; 12. Vaclovas Kidykas (Litauen) 58,62

Hammerwerfen

1. Andrej Abduvalijev
   (Tadschikistan) 81,64
2. Igor Astapkovich
   (Weißrußland) 79,88
3. Tibor Gecsek (Ungarn) 79,54

4. Sergej Alay (Weißrußland) 79,02
5. Wasili Sidorenko (Rußland) 78,86
6. Alexander Seleznjow (Rußland) 78,58
7. Sergej Litwinow (Rußland) 78,56
8. Christophe Epalle (Frankreich) 76,22

Ausgeschieden in der Qualifikation: 16. Karsten Kobs (Dortmund) 71,76

Speerwerfen

1. Jan Zelezny (Tschechische
   Republik) 85,98
2. Kimmo Kinnunen (Finnland) 84,78
3. Mike Hill (Großbritannien) 82,96

4. Steve Backley (Großbritannien) 81,80
5. Ari Pakarinen (Finnland) 81,08
6. Dag Wennlund (Schweden) 80,52
7. Wladimir Sasimowitsch (Weißrußland) 78,70
8. Patrik Boden (Schweden) 78,00

Achtung: Dimitri Poljunin (Usbekistan), der mit 83,38 m den dritten Platz belegt hatte, wurde wegen Dopings disqualifiziert

Zehnkampf

1. Dan O'Brien (USA) 8817 (WJBL)
   (100 m: 10,57 Sek./Weit: 7,99 m/
   Kugel: 15,41 m/Hoch: 2,03 m/400 m:
   47,46 Sek./110 m Hürden:
   14,08 Sek./Diskus: 47,92 m/
   Stabhoch: 5,20 m/Speer:62,56/
   1500 m: 4:40,08 Min.)
2. Eduard Hämälainen
   (Weißrußland) 8724
   (10,72/7,05/15,49/2,09/47,64/13,57/
   49,26/5,30/61,88/4:39,34)
3. Paul Meier (Leverkusen) 8548
   (Deutsche JBL)
   (10,57/7,57/15,45/2,15/47,73/
   14,63/45,72/4,60/61,22/4:32,05)

4. Christian Schenk (Mainz) 8500
   (11,22/7,63/15,72/2,15/48,78/15,29/46,94/4,80/
   65,32/4:24,44)

5. Alain Blondel (Frankreich) 8444
   (10,94/7,20/14,06/1,94/48,12/14,40/45,74/5,40/
   62,22/4:19,89)
6. Christian Plaziat (Frankreich) 8398
   (10,80/7,50/14,47/2,09/47,91/14,36/41,74/5,00/
   56,96/4:26,31)
7. Steve Fritz (USA) 8324
   (10,83/7,52/13,87/2,03/48,40/13,99/41,62/4,90/
   57,68/4:23,56)
8. Rob Muzzio (USA) 8237
   (11,11/6,72/16,99/1,94/49,82/14,51/47,90/5,00/
   64,50/4:34,43)
9. Michael Kohnle (Göppingen) 8075
   (11,16/7,40/14,34/2,00/50,17/14,51/44,70/5,00/
   62,10/4:47,95)

FRAUEN

100 m

1. Gail Devers (USA) 10,81
2. Merlene Ottey (Jamaika) 10,81
3. Gwen Torrence (USA) 10,89

4. Irina Priwalowa (Rußland) 10,96
5. Mary Onyali (Nigeria) 11,05
6. Natalia Woronowa (Rußland) 11,20
7. Nicole Mitchell (Jamaika) 11,20
8. Liliana Allen (Kuba) 11,23

Ausgeschieden im Halbfinale: 5. Melanie Paschke (Braunschweig) 11,28

200 m

1. Merlene Ottey (Jamaika) 21,98
2. Gwen Torrence (USA) 22,00
3. Irina Priwalowa (Rußland) 22,13

4. Marie-Jose Perec (Frankreich) 22,20
5. Mary Onyali (Nigeria) 22,32
6. Natalja Woronowa (Rußland) 22,50
7. Galina Malchugina (Rußland) 22,50
8. Dannette Young (USA) 23,04

Ausgeschieden im Halbfinale: 7. Silke Knoll (Dortmund) 23,07

4×100 m

1. Rußland 41,49 (WJBZ)
   (Olga Bogoslovskaja, Galina Malchugina, Natalia Woronowa, Irina Privalova)
2. USA 41,49
   (Michelle Finn, Gwen Torrence, Wendy Vereen, Gail Devers)
3. Jamaika 41,94
   (Michelle Freeman, Juliet Campbell, Nicole Mitchell, Merlene Ottey)

4. Frankreich 42,67
5. Deutschland (Andrea Philipp, Bettina Zipp, Silke Knoll, Melanie Paschke) 42,79 (Deutsche JBZ)
6. Kuba 42,89
7. Finnland 43,37
8. Großbritannien 43,86

400 m

1. Jearl Miles (USA) 49,82
2. Natasha Kaiser-Brown (USA) 50,17
3. Sandie Richards (Jamaika) 50,44

4. Tatjana Aleksejewa (Rußland) 50,52
5. Ximena Restrepo (Kolumbien) 50,91
6. Sandra Myers (Spanien) 51,22
7. Juliet Campbell (Jamaika) 51,40
8. Norfalia Carabali (Kolumbien) 52,87

Ausgeschieden im Halbfinale: 7. Anja Rücker (Jena) 52,32

4×400 m

1. USA 3:16,71 (WJBZ)
(Gwen Torrence, Maicel Malone,
Natasha Kaiser-Brown, Jearl Miles)
2. Rußland 3:18,38
(Jelena Ruzina, Tatjana Aleksejeva,
Margarit Ponomarjowa,
Irina Priwalowa)
3. Großbritannien 3:23,41
(Linda Keough, Phylis Smith, Tracy
Goddard, Sally Gunnell)

4. Jamaika 3:23,83
5. Deutschland (Heike Meißner, Sandra Seuser,
Anja Rücker, Linda Kisabaka) 3:25,49 (Deutsche JBZ)
6. Frankreich 3:27,08
7. Tschechische Republik 3:27,94
8. Schweiz 3:28,52

800 m

1. Maria Mutola
(Mozambique) 1:55,43
2. Ljubow Gurina (Rußland) 1:57,10
3. Ella Kovacs (Rumänien) 1:57,92

4. Diane Modahl (Großbritannien) 1:59,42
5. Meredith Rainey (USA) 1:59,57
6. Li Liu (China) 2:04,45
7. Tina Paulino (Mozambique) 3:19,89
Ausgeschieden im ersten Halbfinale: 5. Christine
Wachtel (Rostock) 1:59,86; im zweiten Halbfinale: 6. Birthe Bruhns (Köln) 1:59,66; 7. Sabine
Zwiener (Stuttgart) 2:00,77

1500 m

1. Dong Liu (China) 4:00,50
2. Sonia O'Sullivan (Irland) 4:03,48
3. Hassiba Boulmerka
(Algerien) 4:04,29

4. Yi Lu (China) 4:06,16
5. Angela Chalmers (Kanada) 4:07,95
6. Theresia Kiesl (Österreich) 4:08,04
7. Anna Brzezinska (Posen) 4:08,11
8. Fabia Trabaldo (Italien) 4:08,23
Ausgeschieden im Vorlauf: Simone Weidner
(Berlin)

3000 m

1. Yunxia Qu (China) 8:28,71
2. Linli Zhang (China) 8:29,25
(Junioren-WR)
3. Lirong Zhang (China) 8:31,95

4. Sonia O'Sullivan (Irland) 8:33,38
5. Alison Wyeth (Großbritannien) 8:38,42
6. Jelena Romanowa (Rußland) 8:39,69
7. Paula Radcliffe (Großbritannien) 8:40,40
8. Ludmila Borisowa (Rußland) 8:40,78
12. Claudia Lokar (Dortmund) 8:51,35

10 000 m

1. Junxia Wang (China) 30:49,30
(WJBZ)
2. Huandi Zhong (China) 31:12,55
3. Selina Barsosio (Kenia) 31:15,38

4. Tecla Lorupe (Kenia) 31:29,91
5. Lynn Jennings (USA) 31:30,53
6. Conceicao Ferreira (Portugal) 31:30,60
7. Albertina Dias (Portugal) 31:33,03
8. Anne Marie Letko (USA) 31:37,26
9. Uta Pippig (Berlin) 31:39,97
13. Kathrin Weßel (Berlin) 32:27,38

100 m Hürden

1. Gail Devers (USA) 12,46 (WJBZ)
2. Marina Asjabina (Rußland) 12,60
3. Lynda Tolbert (USA) 12,67

4. Aliuska Lopez (Kuba) 12,73
5. Ewa Sokolowa (Rußland) 12,78
6. Dawn Bowles (USA) 12,90
7. Michelle Freeman (Jamaika) 12,90
8. Cecile Cinelu (Frankreich)
Ausgeschieden im 1. Halbfinale: 5. Kristin
Patzwahl (Berlin) 13,07

400 m Hürden

1. Sally Gunnell (GB) 52,74 (WR)
2. Sandra Farmer-Patrick (USA) 52,79
3. Margarita Ponomarjowa
(Rußland) 53,48

4. Kim Batten (USA) 53,84
5. Tonja Buford (USA) 54,55
6. Doon Hemmings (Jamaika) 54,99
7. Rosie Edeh (Kanada) 55,19
8. Natalia Torschina (Kasachstan) 55,78
Ausgeschieden im 3. Vorlauf: 6. Linda Kisabaka
(Leverkusen) 57,02. Ausgeschieden im 1. Halbfinale: 3. Heike Meißner (Dresden) 54,64; im
2. Halbfinale: 5. Silvia Rieger (Hinte) 54,90

Marathon

1. Junko Asari (Japan) 2:30:03
2. Manuela Machado
(Portugal) 2:30:54
3. Tomoe Abe (Japan) 2:31:01

4. Ramilia Burangulowa (Rußland) 2:33:03
5. Madina Biktagirowa (Weißrußland) 2:34:36
6. Katrin Dörre (Odenwald) 2:35:20
7. Frith von der Merwe (Südafrika) 2:35:56
8. Kim Jones (USA) 2:36:33
Ausgeschieden: Claudia Metzner (Wattenscheid), Birgit Jerschabek (Sieg)

10 km Gehen

1. Sari Essayah (Finnland) 42:59
2. Ileana Salvador (Italien) 43:08
3. Encarnacion Granados
(Spanien) 43:21 (LR)

4. Elisabetta Perrone (Italien) 43:26
5. Beate Anders (Berlin) 43:28
6. Katarcyna Radtke (Polen) 43:33
7. Yelena Nikolayewa (Rußland) 43:47
8. Yelena Sayko (Rußland) 43:56
35. Simone Thust (Berlin) 48:38

Hochsprung

1. Ioamnet Quintero (Kuba) 1,99
2. Silvia Costa (Kuba) 1,97
3. Sigrid Kirchmann (Österreich) 1,97

4. Jelena Rodina (Rußland), Galina Astafei
(Rumänien) je 1,94
6. Antonella Bevilacqua (Italien) 1,94
7. Tanya Hughes (USA) 1,91
8. Walentina Gotowska (Lettland) 1,91
Ausgeschieden in der Qualifikation: 8. Heike
Balck (Schwerin) 1,87; 10. Andrea Baumert (Berlin) 1,87. Aufgegeben nach Qualifikation: Heike
Henkel (Leverkusen)

Weitsprung

1. Heike Drechsler (Jena) 7,11
2. Larisa Bereschnaja (Ukraine) 6,98
3. Renata Nielsen (Dänemark) 6,76

4. Jelena Chlopotnowa (Ukraine) 6,75
5. Ludmila Galkina (Rußland) 6,74
6. Ludmila Ninova (Österreich) 6,73
7. Nicole Bögman (Australien) 6,70
8. Agata Karczmarek (Polen) 6,57
Im Vorkampf ausgeschieden: 9. Susen Tiedtke
(Berlin) 6,54; ausgeschieden in der Qualifikation:
13. Helga Radtke (Rostock) 6,44.

Dreisprung

1. Ana Biryukowa (Rußland) 15,09
(WR)
2. Yolanda Chen (Rußland) 14,70
3. Iva Prandzheva (Bulgarien) 14,23

4. Niurka Montalvo (Kuba) 14,22
5. Helga Radtke (Rostock) 14,19
6. Antonella Capriotti (Italien) 14,18
7. Sarka Kasparkova (Tschechische
Republik) 14,16
8. Urszula Wlodarczyk (Polen) 13,80
Nicht qualifiziert: 11. Petra Laux (Siegen) 13,22.
Nicht angetreten: Anja Vokuhl (Magdeburg)

Kugelstoßen

1. Zhihong Huang (China) 20,57
2. Svetlana Kriveljova
(Rußland) 19,97
3. Kathrin Neimke (Magdeburg) 19,71

4. Xinmei Sui (China) 19,61
5. Yuzhen Cong (China) 19,58
6. Astrid Kumbernuss (Neubrandenburg) 19,42
7. Walentina Fedjuschina (Ukraine) 19,27
8. Belsy Laza (Kuba) 19,27
Im Vorkampf ausgeschieden: 11. Stephanie
Storp (Wolfsburg) 18,83

Diskuswerfen

1. Olga Burowa (Rußland) 67,40
2. Daniela Costian (Australien) 65,36
3. Chunfeng Min (China) 65,26

4. Maritza Marten (Kuba) 64,62
5. Anja Gündler (Berlin) 62,92
6. Barbara Echewarria (Kuba) 62,52
7. Nicoleta Grasu (Rumänien) 62,11
8. Franka Dietzsch (Neubrandenburg) 62,06
11. Ilke Wyludda (Halle) 60,42

Speerwerfen

1. Trine Hattestad (Norwegen) 69,18
2. Karen Forkel (Halle) 65,80
3. Natalja Shikolenko
(Weißrußland) 65,64

4. Tatjana Shikolenko (Weißrußland) 65,18
5. Jekaterina Iwakina (Rußland) 65,12
6. Silke Renk (Halle) 64,00
7. Claudia Isaila (Rumänien) 61,54
8. Felicia Tilea (Rumänien) 61,24
Im Vorkampf ausgeschieden: 9. Steffi Nerius
(Leverkusen) 60,26

Siebenkampf

1. Jackie Joyner-Kersee (USA) 6837
(100 m Hürden: 12,89 Sek./Hoch:
1,81 m/Kugel: 14,38 m/200 m:
23,19 Sek./Weit: 7,04 m/Speer:
43,76 m/800 m: 2:14,49 Min.)
2. Sabine Braun (Wattenscheid) 6797
(13,25/1,90/14,62/24,12/6,54/53,44/
2:17,82)

3. Svetlana Buraga
   (Weißrußland) 6635
   (12,95/1,84/14,55/23,69/6,58/41,04/
   2:13,65)
4. Swetla Dimitrowa (Bulgarien) 6508
   (12,85/1,60/15,46/23,10/6,32/47,02/2:13,60)

5. Urszula Wlodarczyk (Polen) 6394
   (13,41/1,81/14,00/24,14/6,52/42,64/2:18,28)
6. Kym Carter (USA) 6357
   (13,62/1,84/15,41/24,23/6,08/36,84/2:09,82)
7. Jane Flemming (Australien) 6343
   (13,08/1,75/14,03/23,49/6,21/42,12/2:16,93)
8. Birgit Clarius (Fürth) 6341
   (13,74/1,81/15,46/25,14/5,64/50,14/2:10,00)

19. Beatrice Mau (Hannover) 5359 (13,73/1,78/
    12,95/24,80/0,00/48,86/2:12,91)

WR = Weltrekord, ER = Europarekord,
LR = Landesrekord, WJBZ = Jahresweltbestzeit,
WJBL = Jahresweltbestleistung, JBL = Jahres-
bestleistung

Die Leichtahletik-Weltmeister des Jahres 1993

Männer

Disziplin	Name	Leistung
100 m	Linford Christie (Großbritannien)	9,87 s (ER)
200 m	Frank Fredericks (Namibia)	19,85 s
4×100 m	USA	37,49 s
400 m	Michael Johnson (USA)	43,65 s
4×400 m	USA	2:54,29 min (WR)
800 m	Paul Ruto (Kenia)	1:44,71 min
1500 m	Noureddine Morceli (Algerien)	3:34,24 min
5000 m	Ismael Kirui (Kenia)	13:02,75 min
10000 m	Haile Gebresilasie (Äthiopien)	27:46,02 min
Marathon	Mark Plaatjes (USA)	2:13:57 Std.
110 m Hürden	Colin Jackson (Großbritannien)	12,91 s (WR)
400 m Hürden	Kevin Young (USA)	47,18 s
3000 m Hindernis	Moses Kiptanui (Kenia)	8:06,36 min
20 km Gehen	Valentin Massana (Spanien)	1:22:31 Std.
50 km Gehen	Jesus Angel Garcia (Spanien)	3:41:41 Std.
Hochsprung	Javier Sotomayor (Cuba)	2,40 m
Stabhochsprung	Sergej Bubka (Ukraine)	6,00 m
Weitsprung	Mike Powell (USA)	8,59 m
Dreisprung	Mike Conley (USA)	17,86 m
Kugelstoßen	Werner Günthör (Schweiz)	21,97 m
Diskuswerfen	Lars Riedel (Mainz)	67,72 m
Hammerwerfen	Andrej Abduwalijew (Tadschikistan)	81,64 m
Speerwerfen	Jan Zelezny (Tschechische Republik)	85,98 m
Zehnkampf	Dan O'Brien (USA)	8817 Pkt.

Frauen

Disziplin	Name	Leistung
100 m	Gail Devers (USA)	10,81 s
200 m	Merlene Ottey (Jamaika)	21,98 s
4×100 m	Rußland	41,49 s
400 m	Jearl Miles (USA)	49,82 s
4×400 m	USA	3:16,71 min
800 m	Maria Mutola (Mosambik)	1:55,43 min
1500 m	Dong Liu (China)	4:00,50 min
3000 m	Yunxia Qu (China)	8:28,71 min
10000	Junxia Wang (China)	30:49,30 min
Marathon	Junko Asari (Japan)	2:30:03 Std.
100 m Hürden	Gail Devers (USA)	12,46 s
400 m Hürden	Sally Gunnell (Großbritannien)	52,74 s (WR)
10 km Gehen	Sari Essayah (Finnland)	42,59 min
Hochsprung	Ioamnet Quintero (Cuba)	1,99 m
Weitsprung	Heike Drechsler (Jena)	7,11 m
Dreisprung	Ana Birjukowa (Rußland)	15,09 m (WR)
Kugelstoßen	Zhihong Huang (China)	20,57 m
Diskuswerfen	Olga Burowa (Rußland)	67,40 m
Speerwerfen	Trine Hattestad (Norwegen)	69,18 m
Siebenkampf	Jackie Joyner-Kersee (USA)	6837 Pkt.